中国社会责任
百人论坛文库

主　编：李　扬
副主编：钟宏武　张　蕙

U0668300

汽车企业社会责任蓝皮书

RESEARCH REPORT ON
CORPORATE SOCIAL RESPONSIBILITY OF AUTOMOTIVE ENTERPRISES (2016)

2016

共建汽车社会

中国社会科学院经济学部企业社会责任研究中心
中星责任云社会责任机构

钟宏武　汪　杰　王　宁　赵思琪等／著

经济管理出版社
ECONOMY & MANAGEMENT PUBLISHING HOUSE

图书在版编目（CIP）数据

汽车企业社会责任蓝皮书（2016）/钟宏武等著 . —北京：经济管理出版社，2016. 11

ISBN 978 – 7 – 5096 – 4708 – 0

Ⅰ . ①汽…　Ⅱ . ①钟…　Ⅲ . ①汽车企业—企业责任—社会责任—研究报告—中国—2016

Ⅳ . ①F426. 471

中国版本图书馆 CIP 数据核字（2016）第 265135 号

组稿编辑：陈　力
责任印制：司东翔

出版发行：经济管理出版社
　　　　　（北京市海淀区北蜂窝 8 号中雅大厦 A 座 11 层　100038）
网　　　址：www. E – mp. com. cn
电　　　话：（010）51915602
印　　　刷：三河市延风印装有限公司
经　　　销：新华书店
开　　　本：720mm×1000mm/16
印　　　张：13. 25
字　　　数：223 千字
版　　　次：2016 年 12 月第 1 版　　2016 年 12 月第 1 次印刷
书　　　号：ISBN 978 – 7 – 5096 – 4708 – 0
定　　　价：68. 00 元

主要作者简介

钟宏武

中国社会责任百人论坛秘书长，中国社科院经济学部企业社会责任研究中心主任，中国社科院社会发展战略研究院副研究员。1977年出生，男，四川省简阳人。毕业于中国社会科学院研究生院工业经济系，管理学博士。主持"一带一路与海外企业社会责任"（国家发改委课题）、"中央企业海外社会责任研究"（国资委课题）、"企业社会责任推进机制研究"（国资委课题）、"责任制造2025"（工信部课题）、"中国食品药品行业社会责任信息披露机制研究"（国家食药监局课题）、"中国保险业白皮书"（保监会课题）、"上市公司社会责任信息披露研究"（深交所课题）；先后访问日本、南非、英国、瑞典、中国台湾、缅甸、苏丹、美国、韩国、荷兰、赞比亚、津巴布韦、印度尼西亚、老挝，研究企业社会责任。编写《中国企业社会责任报告编写指南》、《企业社会责任管理》、《企业社会责任基础教材》、《企业社会责任蓝皮书》、《企业公益蓝皮书》、《企业社会责任报告白皮书》、《中国国际社会责任与中资企业角色》、《慈善捐赠与企业绩效》等专著30余部。在《经济研究》、《中国工业经济》、《人民日报》等刊物上发表论文50余篇。为中国石化、阿里巴巴、中国三星等50余家世界500强企业提供咨询顾问服务。

汪 杰

中星责任云社会责任机构总经理。男，法学硕士，毕业于北京师范大学政治系。2009年开始研究企业社会责任，参加"中国企业社会责任报告编写指南"、

"中国福利彩票社会责任标准规范"、"可持续消费蓝皮书"等研究课题。参与编写《企业社会责任蓝皮书（2010/2011/2012/2013/2014）》、《企业社会责任报告白皮书（2012/2013）》、《上市公司非财务信息披露报告》等专著。为中国南方电网、华润集团、中国电信、中国联通、中国保利集团、国家核电、北京控股、上汽大众、松下（中国）、民生银行等企业提供社会责任、公益战略、公益项目评估等咨询服务。

王 宁

中星责任云社会责任机构项目二部部长。男，管理学硕士，毕业于北京师范大学行政管理专业。2010年进入企业社会责任领域，目前方向为企业社会责任报告、战略规划和公益战略咨询。主要负责社会责任管理咨询、社会责任报告编写、社会责任规划、公益项目评估等领域的咨询项目，在汽车制造行业、互联网行业、电子行业、互联网金融行业等有丰富经验；曾参与非公募基金会、企业志愿者、社会责任报告指南编写等相关研究工作；为东风汽车、中航工业、阿里巴巴、中国电子、华能、北控、华润置地、上汽大众、现代汽车、东风本田、LG中国等20余家大型企业提供社会责任咨询服务；主持编写《中国企业社会责任报告编写指南3.0》之建筑业、房地产行业，参与我国《企业公益蓝皮书》的编写工作。

摘　要

《企业社会责任蓝皮书》自 2009 年以来连续发布已有 8 年。在延续和发展《企业社会责任蓝皮书》的研究方法和技术路线的基础上，课题组编写了《汽车企业社会责任蓝皮书（2016）》，这是第一本行业社会责任研究报告。全书由指数篇、案例篇和附录三大部分构成。

指数篇即《汽车企业社会责任发展报告（2016）》，课题组构建了一套汽车企业社会责任管理现状和责任信息披露水平的综合评价体系，以整车生产/销售企业为主要研究对象，涵盖国内主流车企共计 100 家。其中，国有企业 33 家，外资/合资企业 46 家，民营企业 21 家；按照品牌所属国家划分，包含中国、韩国、日本、美国、德国、法国、英国、意大利等国家的主流汽车品牌；按照是否上市划分，上市公司 18 家，非上市公司 82 家。课题组从企业社会责任报告、财务报告、企业官方网站等公开渠道搜集企业主动披露的责任信息，对 100 家车企的社会责任管理现状和信息披露水平进行了整体评价，总结其年度社会责任特征，形成《汽车企业社会责任发展报告（2016）》。

案例篇由 18 家车企的 30 个优秀企业社会责任案例组成，内容涵盖社会责任管理、产品责任、客户责任、环境责任、供应链责任、公益责任六大汽车行业重点社会责任议题。该部分的内容主要来源于企业发布的社会责任报告和官方网站披露的相关信息，课题组对收集到的案例信息进行了重新整理编排，以尽可能地呈现企业在相应社会责任议题下的社会责任实践和绩效，希望能为其他企业的社会责任管理和实践提供有益的参考和指引。

附录一呈现了汽车企业社会责任发展指数（2016），附录二呈现了国有汽车企业社会责任发展指数（2016），附录三呈现了外资/合资汽车企业社会责任发展指数（2016），附录四呈现了民营汽车企业社会责任发展指数（2016）、附录五列举了国别汽车企业社会责任发展指数（2016）。

Abstract

CSR Blue Book published 8 consecutive years since 2009. Following and developing the research methods and routes of CSR Blue Book, we write the "Research report on CSR of automotive enterprises (2016)", this is the first CSR report in industry. The book is constituted by 3 parts: Index paper, Case paper and Appendix.

Index paper is "Development report on CSR of automotive enterprises (2016)". The Studying team builds a comprehensive appraisal system to evaluate the situation of CSR management and the level of CSR information disclosure. The research objects are vehicle production, les enterprise, including 100 domestic mainstream automotive enterprises, including 33 SOEs, 46 foreign-invested enterprises and 21 private enterprises; In accordance with the country of the brand, including South Korea, Japan, the United States, Germany, France, Britain and Italy; According to whether the listed, including 18 listed enterprises and 82 unlisted enterprises. Collecting the CSR information via their CSR reports, annual reports and official websites, we did an all-around research on their current CSR management and CSR information disclosure in 2016.

Case paper consists of 30 excellent cases on corporate social responsibility by 18 automotive enterprises, including six key social responsibility issues on the auto industry: Social Responsibility Management, Product Responsibility, Customer Responsibility, environment responsibility, supply chain responsibility and public welfare. Collecting and rearranging the CSR information via their CSR reports and official websites, presenting the corporate social responsibility practices and performance under the corresponding social responsibility issues in as much as possible to offer the guideline on CSR practice by writing up the cases of outstanding enterprises.

In appendices, it is detailed of "Automotive enterprises CSR index (2016)" in

Appendix 1; "State-owned automotive enterprises CSR index（2016）" in Appendix 2; Foreign-invested automotive enterprises CSR index（2016）in Appendix 3 and "Private automotive enterprises CSR index（2016）" in Appendix 4; the last, it is listed of "National automotive enterprises CSR index（2016）" in Appendix 5.

共建汽车社会

汽车①，作为工业文明的标志，已经逐渐走入越来越多的家庭，在人们的生产和生活中扮演着越来越重要的角色，成为现代社会不可或缺的一部分。汽车便利了人们的生活，提高了人们的生活质量，为人类文明的发展和演进做出了重大贡献。

汽车社会（Auto Society）② 是工业社会和经济发展到一定阶段，特别是轿车大规模进入家庭后出现的一种社会现象。在汽车社会里，汽车不仅是一种交通工具，它更是社会的组成部分，是人的空间属性扩展和精神延伸。汽车社会的来临是伴随着汽车大规模进入家庭开始的，按照国际惯例，当每百户居民汽车拥有量达到20辆以上时，就进入了汽车社会。目前，被认为进入汽车社会的国家都是高度工业化的国家，也都是发达国家。根据国务院发展研究中心2003年"中国汽车产业的增长潜力与外部发展环境问题研究"课题组的研究，一个国家一般在拥有汽车的家庭达到10%~20%时开始进入汽车社会。一般认为，汽车社会主要有以下几个标准：一是汽车普及率比较高；二是有完善的交通设施，如道路和管理系统、道路救援系统、停车场、加油站、维修系统；三是有完备的道路交通法规；四是有相当程度的汽车文化，较高的汽车文明。

随着我国经济快速发展和社会进步，人们购车的刚性需求愈加旺盛，汽车普及率逐年上升，人们交通出行结构发生了根本性变化。截至2016年3月底，我

---

① 我国国家最新标准《汽车和挂车类型的术语和定义》（GB/T 3730.1—2001）中对汽车有如下定义：由动力驱动、具有4个或4个以上车轮的非轨道承载的车辆，主要用于：载运人员和（或）货物；牵引载运人员和（或）货物的车辆；特殊用途。

② 汽车社会一词来自日语的"车社会"，日本专家于20世纪70年代提出了"汽车社会"一词。20世纪六七十年代以来，日本进入汽车普及年代，发生了大量不同于以往时代的现象，人际关系急剧变化，社会节奏明显加快，日本专家将这种汽车普及带来的新的社会形态命名为汽车社会。

国机动车保有量达 2.83 亿辆，其中汽车 1.79 亿辆，相当于每 100 个人中有 13 人拥有汽车，北京、成都、深圳等大城市每百户家庭拥有私家车超过 60 辆。但与发达国家相比，我国汽车普及率还存在一定差距。德国、法国、英国、加拿大、比利时、荷兰等西方发达国家，汽车保有量都很高，属于成熟的汽车社会。美国是世界汽车保有量最多的国家，2015 年，美国私家车占有率超 80%。近年来，伴随着道路基础设施和道路交通安全法律法规的不断完善，我国从硬件上已经迈入汽车社会的门槛。除了交通设施、法律规范的完善，一个成熟的汽车社会也需要较高的汽车文明，虽然我国距成熟的汽车社会还有一定距离，但汽车文明却不容忽视，形成成熟的汽车文化还需要全社会共同努力。

快速步入汽车社会的同时，我们也看到，汽车产业和消费的迅速发展，与资源、环境、社会的矛盾日益突出。与西方发达国家长达百年的汽车工业史和汽车社会带来的阵痛相比，中国"汽车社会"迅猛而至，引发的各种问题更加突出。一个占世界人口 1/5 的国家步入汽车社会，对中国乃至整个世界都是一个巨大的挑战。汽车产量和普及率迅速提升带来的能源紧张、资源消耗、交通安全与文明、空气污染等问题引起社会广泛关注，也成为中国未来汽车社会面临的主要矛盾和挑战。

汽车企业作为汽车产业最重要的主体，对产业链上下游、社会、环境有广泛而深远的影响。因此，汽车企业履行社会责任对于促进经济发展和社会进步、环境改善，缓解汽车社会的主要矛盾具有重要的意义，是构建汽车社会的重要力量。

当前，环境问题受到全社会的广泛关注，特别是社会公众将雾霾问题的矛头直接指向汽车尾气的排放。党的十八大提出的生态文明建设，对汽车工业的永续发展起到了纲领性的作用。汽车企业不仅可以通过技术创新减少有害气体的排放，同时可以借助自身影响力促进产业链上下游减排，共同改善环境污染问题；汽车普及率迅速提升带来的交通安全问题也日益严重，当前，我国机动车驾驶人数量超过 3.2 亿人，驾龄 1 年以内的驾驶人达 3613 万人，机动车及驾驶人数量迅速增长，给人们生产生活带来便捷的同时，也带来不容忽视的安全隐患。汽车企业在产品质量和安全上的责任也不容忽视，汽车质量保障和技术创新将安全从驾驶者、乘客扩展到行人等其他交通参与者，从传统的被动安全扩展到主动安全，汽车安全文化的形成对于构建更为安全的交通体系具有重要价值；我国汽车产业和消费的发展速度远远超过了汽车文明的发展速度，交通参与者安全意识淡薄、规则意识不强带来的不遵守交通信号、不文明出行、不文明驾驶等社会乱象严重扰乱了交通秩序，并带来严重的交通安全隐患，很多汽车企业已经将交通出行安全和文明建设纳入自身公益事业的范畴，这对于促进汽车文明的发展具有重要意义。

汽车企业的社会责任是企业与社会之间的社会契约，涉及汽车产业生态链的各个环节，具有多层次性。汽车企业不仅要向社会输出优质产品、服务，还要履行环境保护、资源合理利用、劳工权利保护、推动社会和谐发展等彰显企业公民形象的深层次契约。汽车企业是构建汽车社会的重要参与者，履行社会责任是汽车企业参与汽车社会建设的重要途径，在企业社会责任蓬勃发展的浪潮下，在各个利益相关方的共同关注下，我们期待越来越多的汽车企业参与到社会责任的实践中来，共同努力，为成熟汽车社会的到来尽心尽力！

目　录

指　数　篇

第一章　汽车企业社会责任发展报告（2016）……………………… 3

　一、样本特征 …………………………………………………… 3

　二、中国汽车企业社会责任发展指数（2016）排名 …………… 7

　三、中国汽车企业社会责任发展年度特征（2016）…………… 15

　四、研究方法和技术路线 ……………………………………… 22

案　例　篇

第二章　社会责任管理 …………………………………………… 31

　一、战略引领实践，推进"润"计划实施——东风汽车公司 …… 32

　二、持续对话合作，共创可持续价值——现代汽车集团（中国）……… 39

　三、制定 CSR 方针，助力可持续发展——丰田汽车（中国）………… 47

　四、自上而下，深化 CSR 管理——中国第一汽车集团公司 ……… 51

　五、构建责任模型，强化责任沟通——安徽江淮汽车股份有限公司 …… 55

第三章　产品责任 ………………………………………………… 61

　一、落实"三大工程"，推进"质量制胜"

　　　——中国第一汽车集团公司 ………………………………… 62

二、重视质量安全，确保产品品质——东风本田汽车有限公司 …………… 67

三、精益化生产模式，铸造良好品质文化——广汽丰田汽车有限公司 … 70

四、打造卓越品质，落实"安全第一"——浙江吉利控股集团 ………… 72

五、追求"零缺陷"，打造多层次品质文化——比亚迪股份有限公司 … 78

第四章　客户责任 …………………………………………………… 82

一、提供超越客户期待的服务——丰田汽车（中国） ………… 82

二、心的服务，心的满意——东风本田汽车有限公司 ………… 86

三、源于用户需求，为了用户满意——上汽大众汽车有限公司 ………… 88

四、打造"全程无忧"的服务——北汽福田汽车股份有限公司 ………… 91

五、快·乐体验，开启服务品牌时代——奇瑞汽车股份有限公司 … 92

第五章　环境责任 …………………………………………………… 95

一、节能环保地造车，造节能环保的车——东风汽车公司 …………… 96

二、降低行业负面影响，为社会带来正能量——丰田汽车（中国） … 100

三、绿色计划2016，助力人·车·自然和谐相处——日产（中国） … 108

四、用创意和技术让孩子的天空更蔚蓝——广汽本田汽车有限公司 … 113

五、绿动未来，扎实推进企业全方位绿色发展

　　——上汽通用汽车有限公司 ……………………… 115

第六章　供应链责任 ………………………………………………… 119

一、与供应商并肩合作，对经销商大力扶持——东风汽车公司 …………… 119

二、打造可持续的供应链体系——一汽—大众汽车有限公司 ………… 122

三、提升经营质量，注重价值链生态健康——日产（中国） ………… 127

四、与供应商共同成长，与经销商互惠共赢

　　——现代汽车集团（中国） ……………………… 132

五、开展阳光、绿色的责任采购——比亚迪股份有限公司 ………… 136

第七章　公益责任 …………………………………………………… 141

一、携手共进的世界——现代汽车集团（中国） ………… 142

二、追求企业与社会长期和谐发展——BMW 中国 …………………… 150

三、弘扬社会美德，奉献东风爱心——东风汽车公司 ……………… 153

四、开展可持续的公益，铸造更美好的世界——福特汽车（中国）…… 165

五、聚焦教育环保，让世界感受爱——浙江吉利控股集团 …………… 169

附　录

附录一　汽车企业社会责任发展指数（2016）……………………… 175

附录二　国有汽车企业社会责任发展指数（2016）……………… 179

附录三　外资/合资汽车企业社会责任发展指数（2016）………… 181

附录四　民营汽车企业社会责任发展指数（2016）……………… 183

附录五　国别汽车企业社会责任发展指数（2016）……………… 184

相关研究业绩 …………………………………………………………… 185

后　记 …………………………………………………………………… 188

CONTENTS

I Index Paper

1 The Development Report on CSR of Automotive Enterprises (2016) ······ 3

1. Sample Characteristics ··· 3
2. Ranking of the CSR Development Index of automotive
   enterprises in China (2016) ··· 7
3. The Phrase Characteristics of CSR Development of
   Chinese automotive enterprises ······································ 15
4. Research Methods and Routes ·· 22

II Case Paper

2 Social Responsibility Management ································· 31

1. Dongfeng Motor Corporation ·· 32
2. Hyundai Motor Group (China) ······································ 39
3. Toyota Motor (China) ·· 47
4. China FAW Group Corporation ···································· 51
5. Anhui Jianghuai Automobile Co. ,ltd. ······························ 55

3   Product Responsibility ································· 61

   1. China FAW Group Corporation ················· 62

   2. Dongfeng Honda Automobile Co. ,Ltd ················· 67

   3. Guangzhou Toyota Motor Co. , Ltd ················· 70

   4. Zhejiang Geely Holding Group ················· 72

   5. BYD Co. , Ltd ················· 78

4   Customer Responsibility ················· 82

   1. Toyota Motor（China） ················· 82

   2. Dongfeng Honda Automobile Co. ,Ltd ················· 86

   3. SAIC Volkswagen Automotive Co. , Ltd ················· 88

   4. Foton Motor Co. ,Ltd ················· 91

   5. Chery Automobile Co. ,Ltd ················· 92

5   Environment Responsibility ················· 95

   1. Dongfeng Motor Corporation ················· 96

   2. Toyota Motor（China） ················· 100

   3. Nissan Group of China ················· 108

   4. Guangzhou Honda Motor Co. ,Ltd ················· 113

   5. Saic General Motors Corporation ················· 115

6   Supply Chain Responsibility ················· 119

   1. Dongfeng Motor Corporation ················· 119

   2. Faw – Volkswagen Co. ,Ltd ················· 122

   3. Nissan Group of China ················· 127

   4. Hyundai Motor Group（China） ················· 132

   5. BYD Co. ,Ltd ················· 136

7 Public Welfare ················ 141

　1. BMW（China） ················ 142

　2. Hyundai Motor Group（China） ················ 150

　3. Dongfeng Motor Corporation ················ 153

　4. Ford China Co. ,Ltd ················ 165

　5. Zhejiang Geely Holding Group ················ 169

Ⅲ Appendix

Appendix 1　The automotive enterprises CSR index（2016） ················ 175

Appendix 2　The State-owned automotive enterprises

　　　　　　CSR index（2016） ················ 179

Appendix 3　The foreign-invested automotive enterprises

　　　　　　CSR index（2016） ················ 181

Appendix 4　The private automotive enterprises CSR

　　　　　　index（2016） ················ 183

Appendix 5　The national automotive enterprises CSR

　　　　　　index（2016） ················ 184

Postscript ················ 188

指数篇

第一章　汽车企业社会责任发展报告（2016）*

2009 年以来，课题组连续七年编著《中国企业社会责任研究报告》，发布中国企业社会责任发展指数（2009/2010/2011/2012/2013/2014/2015），评价中国企业年度社会责任管理状况和社会/环境信息披露水平，辨析中国企业社会责任发展进程的阶段性特征，为深入研究中国企业社会责任现状提供基准性参考。2016 年，在原有研究的基础上，课题组基于"中国企业社会责任发展系列指数"指标评价体系，对中国汽车企业社会责任发展水平开展全面评价，评价对象覆盖国内绝大部分整车制造和销售企业，针对其社会责任管理、环境责任和社会责任信息披露水平进行全方位分析，辨析中国汽车行业社会责任发展的阶段性特征，为汽车行业社会责任研究提供基准参考。同时，了解并深入理解汽车企业的社会责任，对于推动行业健康发展，通过产业链和价值链的延伸进一步促进社会进步和环境改善具有重要价值。

一、样本特征

本部分研究对象以整车生产/销售企业为主，涵盖国内主流车企共计 100 家。其中，国有企业 33 家，外资/合资企业 46 家，民营企业 21 家；按照品牌所属国家划分，包括中国、韩国、日本、美国、德国、法国、英国、意大利等国家的主流汽车品牌；按照是否上市划分，上市公司 18 家，非上市公司 82 家。具体名单如表1－1所示：

---

* 数据来自中星责任云（www.zerenyun.com）。

表1－1 中国汽车企业社会责任蓝皮书样本名录

序号	企业名称	企业性质	品牌所属地	是否上市
1	东风汽车公司	国有	中国	否
2	中国第一汽车集团公司	国有	中国	否
3	上海汽车集团股份有限公司	国有	中国	是
4	安徽江淮汽车集团有限公司	国有	中国	否
5	浙江吉利控股集团有限公司	民营	中国	否
6	比亚迪股份有限公司	民营	中国	是
7	广州汽车集团股份有限公司	国有	中国	是
8	重庆长安汽车股份有限公司	国有	中国	是
9	郑州宇通集团有限公司	民营	中国	否
10	长城汽车股份有限公司	民营	中国	是
11	厦门金龙汽车集团股份有限公司	国有	中国	是
12	北汽福田汽车股份有限公司	国有	中国	是
13	中国长安汽车集团股份有限公司	国有	中国	否
14	东风裕隆汽车有限公司	合资	中国	否
15	天津一汽夏利汽车股份有限公司	国有	中国	是
16	北京汽车集团有限公司	国有	中国	否
17	山东时风（集团）有限责任公司	民营	中国	否
18	陕西汽车控股集团有限公司	国有	中国	否
19	华泰汽车集团	民营	中国	否
20	广州汽车集团乘用车有限公司	国有	中国	否
21	潍柴（重庆）汽车有限公司	国有	中国	否
22	东风柳州汽车有限公司	国有	中国	否
23	华晨汽车集团控股有限公司	国有	中国	否
24	重庆力帆汽车有限公司	民营	中国	否
25	东风汽车有限公司	国有	中国	是
26	重庆力帆乘用车有限公司	民营	中国	否
27	上汽大通汽车有限公司	国有	中国	否
28	陕西通家汽车股份有限公司	国有	中国	否
29	中国重型汽车集团有限公司	国有	中国	否
30	众泰集团有限公司	民营	中国	否
31	广汽吉奥汽车有限公司	国有	中国	否

序号	企业名称	企业性质	品牌所属地	是否上市
32	广东福迪汽车有限公司	民营	中国	否
33	江苏九龙汽车制造有限公司	民营	中国	否
34	丹东黄海汽车有限责任公司	民营	中国	否
35	一汽吉林汽车有限公司	国有	中国	否
36	海马汽车集团股份有限公司	民营	中国	是
37	安徽猎豹汽车有限公司	国有	中国	否
38	观致汽车有限公司	合资	中国	否
39	河北红星汽车制造有限公司	民营	中国	否
40	东风小康汽车有限公司	国有	中国	否
41	沈阳华晨金杯汽车有限公司	国有	中国	否
42	河北中兴汽车制造有限公司	民营	中国	否
43	北汽银翔汽车有限公司	国有	中国	否
44	贵州航天成功汽车制造有限公司	国有	中国	否
45	山西成功汽车制造有限公司	民营	中国	否
46	江铃汽车集团公司	国有	中国	否
47	奇瑞汽车股份有限公司	民营	中国	否
48	江西昌河汽车有限责任公司	国有	中国	否
49	浙江飞碟汽车制造有限公司	民营	中国	否
50	北京汽车股份有限公司	国有	中国	是
51	福建新龙马汽车股份有限公司	国有	中国	否
52	北京汽车制造厂有限公司	国有	中国	否
53	四川野马汽车股份有限公司	民营	中国	否
54	青年汽车集团	民营	英国	否
55	奇瑞捷豹路虎汽车有限公司	合资	英国	否
56	广汽菲亚特克莱斯勒汽车有限公司	合资	意大利	否
57	玛莎拉蒂（中国）汽车贸易有限公司	外资	意大利	否
58	沃尔沃（中国）投资有限公司	外资	瑞典	否
59	丰田汽车（中国）投资有限公司	外资	日本	否
60	日产（中国）投资有限公司	外资	日本	是
61	东风本田汽车有限公司	合资	日本	否
62	本田中国投资有限公司	外资	日本	是

序号	企业名称	企业性质	品牌所属地	是否上市
63	广汽丰田汽车有限公司	合资	日本	否
64	长安马自达汽车有限公司	合资	日本	否
65	郑州日产汽车有限公司	合资	日本	否
66	一汽丰田汽车销售有限公司	合资	日本	否
67	江西昌河铃木汽车有限责任公司	合资	日本	否
68	广汽本田汽车有限公司	合资	日本	否
69	庆铃汽车股份有限公司	合资	日本	是
70	东南（福建）汽车工业有限公司	合资	日本	否
71	庆铃汽车（集团）有限公司	国有	日本	否
72	马自达（中国）管理有限公司	外资	日本	否
73	三菱汽车销售（中国）有限公司	外资	日本	否
74	广汽三菱汽车有限公司	合资	日本	否
75	江西五十铃汽车有限公司	合资	日本	否
76	斯巴鲁汽车（中国）有限公司	外资	日本	否
77	重庆长安铃木汽车有限公司	合资	日本	否
78	铃木（中国）投资有限公司	外资	日本	否
79	江铃汽车股份有限公司	合资	美国	是
80	福特汽车（中国）有限公司	外资	美国	是
81	通用汽车（中国）	外资	美国	否
82	上汽通用汽车有限公司	合资	美国	否
83	上汽通用五菱汽车股份有限公司	合资	美国	否
84	克莱斯勒（中国）汽车销售有限公司	外资	美国	否
85	现代汽车（中国）投资有限公司	外资	韩国	否
86	北京现代汽车有限公司	合资	韩国	否
87	东风悦达起亚汽车有限公司	合资	韩国	否
88	庞大双龙汽车销售有限公司	民营	韩国	否
89	神龙汽车有限公司	合资	法国	否
90	长安标致雪铁龙汽车有限公司	合资	法国	否
91	东风雷诺汽车有限公司	合资	法国	否
92	上汽大众汽车有限公司	合资	德国	否
93	华晨宝马汽车有限公司	合资	德国	否

续表

序号	企业名称	企业性质	品牌所属地	是否上市
94	一汽—大众汽车有限公司	合资	德国	否
95	大众汽车集团（中国）	外资	德国	是
96	宝马（中国）	外资	德国	是
97	北京奔驰汽车有限公司	合资	德国	否
98	保时捷（中国）汽车销售有限公司	外资	德国	否
99	梅赛德斯—奔驰（中国）汽车销售有限公司	外资	德国	否
100	戴姆勒大中华区投资有限公司	外资	德国	否

二、中国汽车企业社会责任发展指数（2016）排名

（一）中国汽车企业社会责任发展指数（2016）评价结果

表1-2 中国汽车企业社会责任发展指数排名

单位：分

序号	企业名称	企业性质	品牌所属地	指数得分	星级
1	现代汽车（中国）投资有限公司	外资	韩国	87.5	★★★★★
2	东风汽车公司	国有	中国	85.5	★★★★★
3	中国第一汽车集团公司	国有	中国	80.2	★★★★★
4	上海汽车集团股份有限公司	国有	中国	78.4	★★★★
5	安徽江淮汽车集团有限公司	国有	中国	78.1	★★★★
6	浙江吉利控股集团有限公司	民营	中国	72.6	★★★★
7	比亚迪股份有限公司	民营	中国	69.2	★★★★
8	丰田汽车（中国）投资有限公司	外资	日本	64.3	★★★★
9	广州汽车集团股份有限公司	国有	中国	62.5	★★★★
10	日产（中国）投资有限公司	外资	日本	62.2	★★★★
11	上汽大众汽车有限公司	合资	德国	56.7	★★★

续表

序号	企业名称	企业性质	品牌所属地	指数得分	星级
12	重庆长安汽车股份有限公司	国有	中国	51.8	★★★
13	华晨宝马汽车有限公司	合资	德国	51.3	★★★
14	东风本田汽车有限公司	合资	日本	50.5	★★★
15	江铃汽车股份有限公司	合资	美国	49.4	★★★
16	郑州宇通集团有限公司	民营	中国	47.9	★★★
17	一汽—大众汽车有限公司	合资	德国	46.4	★★★
18	长城汽车股份有限公司	民营	中国	43.7	★★★
19	本田中国投资有限公司	外资	日本	43.7	★★★
20	厦门金龙汽车集团股份有限公司	国有	中国	42.6	★★★
21	广汽丰田汽车有限公司	合资	日本	39.2	★★
22	北汽福田汽车股份有限公司	国有	中国	38.9	★★
23	中国长安汽车集团股份有限公司	国有	中国	35.1	★★
24	东风裕隆汽车有限公司	合资	中国	29.7	★★
25	福特汽车（中国）有限公司	外资	美国	28.8	★★
26	神龙汽车有限公司	合资	法国	24.8	★★
27	天津一汽夏利汽车股份有限公司	国有	中国	24.3	★★
28	北京汽车集团有限公司	国有	中国	24.3	★★
29	山东时风（集团）有限责任公司	民营	中国	20.5	★★
30	陕西汽车控股集团有限公司	国有	中国	20.2	★★
31	华泰汽车集团	民营	中国	18.5	★
32	广州汽车集团乘用车有限公司	国有	中国	17.1	★
33	通用汽车（中国）	外资	美国	16.8	★
34	青年汽车集团	民营	英国	16.6	★
35	潍柴（重庆）汽车有限公司	国有	中国	16.3	★
36	长安马自达汽车有限公司	合资	日本	15.7	★
37	大众汽车集团（中国）	外资	德国	15.2	★
38	宝马（中国）	外资	德国	15.0	★
39	东风柳州汽车有限公司	国有	中国	14.7	★
40	郑州日产汽车有限公司	合资	日本	14.5	★
41	沃尔沃（中国）投资有限公司	外资	瑞典	14.2	★
42	华晨汽车集团控股有限公司	国有	中国	14.1	★

序号	企业名称	企业性质	品牌所属地	指数得分	星级
43	北京现代汽车有限公司	合资	韩国	14.0	★
44	北京奔驰汽车有限公司	合资	德国	14.0	★
45	一汽丰田汽车销售有限公司	合资	日本	14.0	★
46	重庆力帆汽车有限公司	民营	中国	13.6	★
47	长安标致雪铁龙汽车有限公司	合资	法国	13.3	★
48	东风汽车有限公司	国有	中国	12.2	★
49	重庆力帆乘用车有限公司	民营	中国	12.2	★
50	上汽大通汽车有限公司	国有	中国	11.9	★
51	陕西通家汽车股份有限公司	国有	中国	11.8	★
52	中国重型汽车集团有限公司	国有	中国	11.7	★
53	江西昌河铃木汽车有限责任公司	合资	日本	11.7	★
54	奇瑞捷豹路虎汽车有限公司	合资	英国	11.6	★
55	众泰集团有限公司	民营	中国	11.6	★
56	广汽本田汽车有限公司	合资	日本	11.2	★
57	东风悦达起亚汽车有限公司	合资	韩国	11.1	★
58	庆铃汽车股份有限公司	合资	日本	10.8	★
59	东南（福建）汽车工业有限公司	合资	日本	10.8	★
60	庆铃汽车（集团）有限公司	国有	日本	10.8	★
61	广汽吉奥汽车有限公司	国有	中国	10.8	★
62	广东福迪汽车有限公司	民营	中国	10.8	★
63	江苏九龙汽车制造有限公司	民营	中国	10.1	★
64	丹东黄海汽车有限责任公司	民营	中国	10.1	★
65	保时捷（中国）汽车销售有限公司	外资	德国	9.8	★
66	一汽吉林汽车有限公司	国有	中国	9.8	★
67	海马汽车集团股份有限公司	民营	中国	9.5	★
68	上汽通用汽车有限公司	合资	美国	9.1	★
69	安徽猎豹汽车有限公司	国有	中国	9.1	★
70	观致汽车有限公司	合资	中国	9.1	★
71	河北红星汽车制造有限公司	民营	中国	8.7	★
72	马自达（中国）管理有限公司	外资	日本	8.7	★
73	广汽菲亚特克莱斯勒汽车有限公司	合资	意大利	8.7	★

序号	企业名称	企业性质	品牌所属地	指数得分	星级
74	玛莎拉蒂（中国）汽车贸易有限公司	外资	意大利	8.5	★
75	上汽通用五菱汽车股份有限公司	合资	美国	8.5	★
76	三菱汽车销售（中国）有限公司	外资	日本	8.2	★
77	庞大双龙汽车销售有限公司	民营	韩国	8.2	★
78	东风小康汽车有限公司	国有	中国	8.1	★
79	广汽三菱汽车有限公司	合资	日本	8.1	★
80	沈阳华晨金杯汽车有限公司	国有	中国	8.1	★
81	梅赛德斯—奔驰（中国）汽车销售有限公司	外资	德国	7.8	★
82	东风雷诺汽车有限公司	合资	法国	7.8	★
83	河北中兴汽车制造有限公司	民营	中国	7.7	★
84	江西五十铃汽车有限公司	合资	日本	7.7	★
85	斯巴鲁汽车（中国）有限公司	外资	日本	7.4	★
86	北汽银翔汽车有限公司	国有	中国	7.4	★
87	贵州航天成功汽车制造有限公司	国有	中国	6.7	★
88	山西成功汽车制造有限公司	民营	中国	6.3	★
89	江铃汽车集团公司	国有	中国	6.2	★
90	奇瑞汽车股份有限公司	民营	中国	6.0	★
91	江西昌河汽车有限责任公司	国有	中国	5.7	★
92	浙江飞碟汽车制造有限公司	民营	中国	5.7	★
93	北京汽车股份有限公司	国有	中国	5.5	★
94	重庆长安铃木汽车有限公司	合资	日本	5.1	★
95	铃木（中国）投资有限公司	外资	日本	5.0	★
96	福建新龙马汽车股份有限公司	国有	中国	4.9	★
97	北京汽车制造厂有限公司	国有	中国	4.8	★
98	克莱斯勒(中国)汽车销售有限公司	外资	美国	4.7	★
99	四川野马汽车股份有限公司	民营	中国	4.2	★
100	戴姆勒大中华区投资有限公司	外资	德国	0	★

（二）国有车企社会责任发展指数（2016）评价结果

表 1－3　国有车企社会责任发展指数排名

单位：分

序号	企业名称	企业性质	品牌所属地	指数得分	星级
1	东风汽车公司	国有	中国	85.5	★★★★★
2	中国第一汽车集团公司	国有	中国	80.2	★★★★★
3	上海汽车集团股份有限公司	国有	中国	78.4	★★★★
4	安徽江淮汽车集团有限公司	国有	中国	78.1	★★★★
5	广州汽车集团股份有限公司	国有	中国	62.5	★★★★
6	重庆长安汽车股份有限公司	国有	中国	51.8	★★★
7	厦门金龙汽车集团股份有限公司	国有	中国	42.6	★★★
8	北汽福田汽车股份有限公司	国有	中国	38.9	★★
9	中国长安汽车集团股份有限公司	国有	中国	35.1	★★
10	天津一汽夏利汽车股份有限公司	国有	中国	24.3	★★
11	北京汽车集团有限公司	国有	中国	24.3	★★
12	陕西汽车控股集团有限公司	国有	中国	20.2	★★
13	广州汽车集团乘用车有限公司	国有	中国	17.1	★
14	潍柴（重庆）汽车有限公司	国有	中国	16.3	★
15	东风柳州汽车有限公司	国有	中国	14.7	★
16	华晨汽车集团控股有限公司	国有	中国	14.1	★
17	东风汽车有限公司	国有	中国	12.2	★
18	上汽大通汽车有限公司	国有	中国	11.9	★
19	陕西通家汽车股份有限公司	国有	中国	11.8	★
20	中国重型汽车集团有限公司	国有	中国	11.7	★
21	庆铃汽车（集团）有限公司	国有	日本	10.8	★
22	广汽吉奥汽车有限公司	国有	中国	10.8	★
23	一汽吉林汽车有限公司	国有	中国	9.8	★
24	安徽猎豹汽车有限公司	国有	中国	9.1	★
25	东风小康汽车有限公司	国有	中国	8.1	★
26	沈阳华晨金杯汽车有限公司	国有	中国	8.1	★
27	北汽银翔汽车有限公司	国有	中国	7.4	★
28	贵州航天成功汽车制造有限公司	国有	中国	6.7	★

续表

序号	企业名称	企业性质	品牌所属地	指数得分	星级
29	江铃汽车集团公司	国有	中国	6.2	★
30	江西昌河汽车有限责任公司	国有	中国	5.7	★
31	北京汽车股份有限公司	国有	中国	5.5	★
32	福建新龙马汽车股份有限公司	国有	中国	4.9	★
33	北京汽车制造厂有限公司	国有	中国	4.8	★

（三）外资/合资车企社会责任发展指数（2016）评价结果

表1-4 外资/合资车企社会责任发展指数排名

单位：分

序号	企业名称	企业性质	品牌所属地	指数得分	星级
1	现代汽车（中国）投资有限公司	外资	韩国	87.5	★★★★★
2	丰田汽车（中国）投资有限公司	外资	日本	64.3	★★★★
3	日产（中国）投资有限公司	外资	日本	62.2	★★★★
4	上汽大众汽车有限公司	合资	德国	56.7	★★★
5	华晨宝马汽车有限公司	合资	德国	51.3	★★★
6	东风本田汽车有限公司	合资	日本	50.5	★★★
7	江铃汽车股份有限公司	合资	美国	49.4	★★★
8	一汽一大众汽车有限公司	合资	德国	46.4	★★★
9	本田中国投资有限公司	外资	日本	43.7	★★★
10	广汽丰田汽车有限公司	合资	日本	39.2	★★
11	东风裕隆汽车有限公司	合资	中国	29.7	★★
12	福特汽车（中国）有限公司	外资	美国	28.8	★★
13	神龙汽车有限公司	合资	法国	24.8	★★
14	通用汽车（中国）	外资	美国	16.8	★
15	长安马自达汽车有限公司	合资	日本	15.7	★
16	大众汽车集团（中国）	外资	德国	15.2	★
17	宝马（中国）	外资	德国	15.0	★

序号	企业名称	企业性质	品牌所属地	指数得分	星级
18	郑州日产汽车有限公司	合资	日本	14.5	★
19	沃尔沃（中国）投资有限公司	外资	瑞典	14.2	★
20	北京现代汽车有限公司	合资	韩国	14.0	★
21	北京奔驰汽车有限公司	合资	德国	14.0	★
22	一汽丰田汽车销售有限公司	合资	日本	14.0	★
23	长安标致雪铁龙汽车有限公司	合资	法国	13.3	★
24	江西昌河铃木汽车有限责任公司	合资	日本	11.7	★
25	奇瑞捷豹路虎汽车有限公司	合资	英国	11.6	★
26	广汽本田汽车有限公司	合资	日本	11.2	★
27	东风悦达起亚汽车有限公司	合资	韩国	11.1	★
28	庆铃汽车股份有限公司	合资	日本	10.8	★
29	东南（福建）汽车工业有限公司	合资	日本	10.8	★
30	保时捷（中国）汽车销售有限公司	外资	德国	9.8	★
31	上汽通用汽车有限公司	合资	美国	9.1	★
32	观致汽车有限公司	合资	中国	9.1	★
33	马自达（中国）管理有限公司	外资	日本	8.7	★
34	广汽菲亚特克莱斯勒汽车有限公司	合资	意大利	8.7	★
35	玛莎拉蒂(中国)汽车贸易有限公司	外资	意大利	8.5	★
36	上汽通用五菱汽车股份有限公司	合资	美国	8.5	★
37	三菱汽车销售（中国）有限公司	外资	日本	8.2	★
38	广汽三菱汽车有限公司	合资	日本	8.1	★
39	梅赛德斯—奔驰（中国）汽车销售有限公司	外资	德国	7.8	★
40	东风雷诺汽车有限公司	合资	法国	7.8	★
41	江西五十铃汽车有限公司	合资	日本	7.7	★
42	斯巴鲁汽车（中国）有限公司	外资	日本	7.4	★
43	重庆长安铃木汽车有限公司	合资	日本	5.1	★
44	铃木（中国）投资有限公司	外资	日本	5.0	★
45	克莱斯勒(中国)汽车销售有限公司	外资	美国	4.7	★
46	戴姆勒大中华区投资有限公司	外资	德国	0	★

（四）民营车企社会责任发展指数（2016）评价结果

表1-5 民营车企社会责任发展指数排名

单位：分

序号	企业名称	企业性质	品牌所属地	指数得分	星级
1	浙江吉利控股集团有限公司	民营	中国	·72.6	★★★★
2	比亚迪股份有限公司	民营	中国	69.2	★★★★
3	郑州宇通集团有限公司	民营	中国	47.9	★★★
4	长城汽车股份有限公司	民营	中国	43.7	★★★
5	山东时风（集团）有限责任公司	民营	中国	20.5	★★
6	华泰汽车集团	民营	中国	18.5	★
7	青年汽车集团	民营	英国	16.6	★
8	重庆力帆汽车有限公司	民营	中国	13.6	★
9	重庆力帆乘用车有限公司	民营	中国	12.2	★
10	众泰集团有限公司	民营	中国	11.6	★
11	广东福迪汽车有限公司	民营	中国	10.8	★
12	江苏九龙汽车制造有限公司	民营	中国	10.1	★
13	丹东黄海汽车有限责任公司	民营	中国	10.1	★
14	海马汽车集团股份有限公司	民营	中国	9.5	★
15	河北红星汽车制造有限公司	民营	中国	8.7	★
16	庞大双龙汽车销售有限公司	民营	韩国	8.2	★
17	河北中兴汽车制造有限公司	民营	中国	7.7	★
18	山西成功汽车制造有限公司	民营	中国	6.3	★
19	奇瑞汽车股份有限公司	民营	中国	6.0	★
20	浙江飞碟汽车制造有限公司	民营	中国	5.7	★
21	四川野马汽车股份有限公司	民营	中国	4.2	★

三、中国汽车企业社会责任发展年度特征（2016）

（一）2016年，中国汽车企业社会责任发展指数为22.1分，整体处于起步者阶段

《中国企业社会责任研究报告（2012～2016）》研究显示，汽车企业社会责任发展指数虽然呈现逐年上升趋势（见图1－1），但整体始终处于起步者阶段。本书研究发现，中国汽车企业社会责任发展指数为22.1分，整体处于较低层次的起步者阶段，与《中国企业社会责任研究报告（2016）》披露的汽车企业社会责任发展指数39.5分相比，存在一定差距。可见，汽车企业社会责任发展水平相对较低，有待进一步加强。特别是，面对外部经济形势和汽车行业环境的变化，汽车企业通过更有效的社会责任实践提升可持续发展能力和竞争能力，成为一项重要课题。

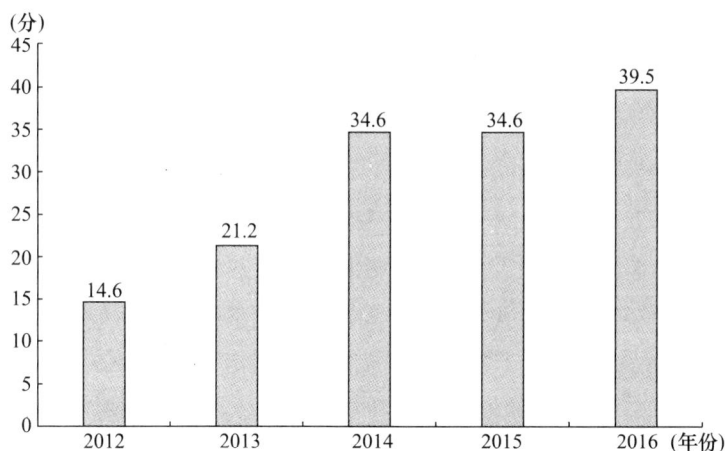

图1－1 2012～2016年中国汽车企业社会责任发展指数

资料来源：《中国企业社会责任研究报告（2012～2016）》。

（二）100 家车企中，5 星级企业仅有三家，九成企业得分低于 60 分，处于三星级及以下水平，七成企业为一星级，仍在"旁观"

如图 1 - 2 所示，有 3 家企业（占 3%）的社会责任指数达五星级水平，处于卓越者阶段；有 7 家企业（占 7%）社会责任指数达到四星级水平，处于领先者阶段；有 10 家企业（占 10%）社会责任指数达到三星级，处于追赶者阶段；社会责任指数为二星级水平、处于起步者阶段的企业有 10 家（占 10%）；社会责任指数为一星级水平、处于旁观者阶段的企业数量最多，有 70 家（占 70%），其中有 1 家企业（占 1%）的社会责任发展指数得分为 0，未主动披露任何社会责任相关信息。

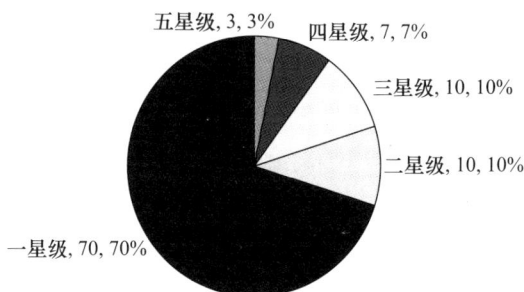

图 1 - 2 2016 年中国汽车企业社会责任指数星级分布

注：从左到右依次是星级、企业数量、所占百分比。

由此可以看出，仅有少数企业能较为全面地披露了社会责任信息，大多数车企社会责任信息披露水平不足，且处于较低的发展阶段。这一方面反映出社会责任理念未能在汽车企业中形成广泛的传播和认同，多数企业并没有将社会责任纳入日常工作和经营管理；另一方面也反映出车企未能建立有效全面的社会责任管理和信息披露机制，信息披露不及时、不主动，与利益相关方缺乏及时有效的沟通。

（三）国有车企社会责任发展指数领先于民营车企、外资/合资车企

2016 年，国企、民营和外资/合资三类车企社会责任发展指数存在一定程度

的差异性，国有车企社会责任发展指数最高（25.1 分），外资/合资车企其次（21.1 分），民营车企最低（19.7 分）。不同性质的车企在社会责任管理及社会责任信息披露等方面存在一定的差异性。

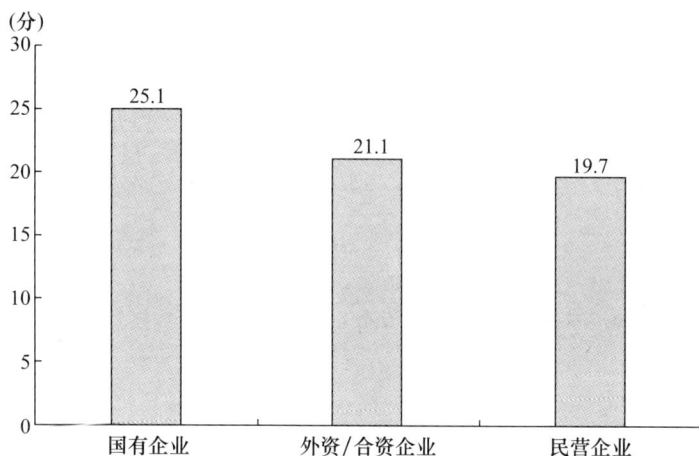

图 1－3 不同性质车企社会责任发展指数

（四）外资/合资车企社会责任指数存在较大差异，韩资车企表现最好，为30.2 分，而欧美地区（美国、法国、瑞典、英国、意大利）企业表现相对较差，低于 20 分，仅为一星级水平

从汽车企业品牌所属地看，不同国家的车企社会责任发展指数存在一定差异。总体看，东亚地区车企的社会责任发展水平高于欧美地区车企的社会责任发展水平。其中，韩资车企的社会责任发展指数最高，为30.2 分，处于起步者阶段，意大利品牌的车企社会责任发展指数最低，仅为8.6 分，与美国、法国、瑞典、英国品牌的车企同处于旁观者阶段。中国品牌的车企社会责任发展指数为23.5 分，整体表现一般。

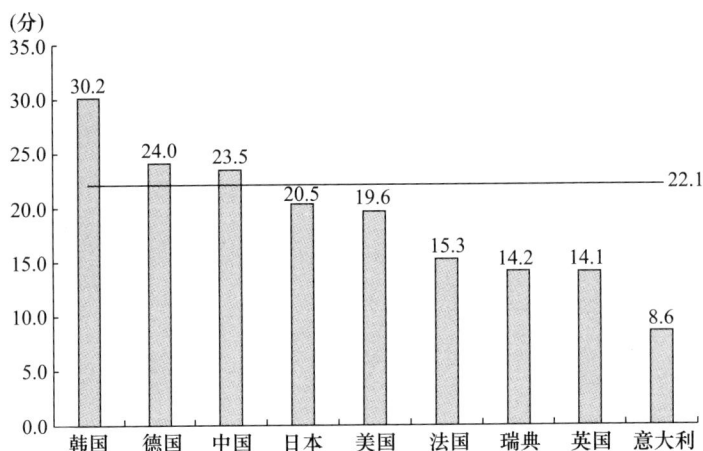

图1－4　不同国家和地区在华外资/合资车企社会责任发展指数

（五）责任实践领先于责任管理；市场责任指数高于社会责任和环境责任指数

企业社会责任包括责任管理和责任实践两大板块。2016年中国汽车企业责任管理指数得分为17.5分，处于旁观者阶段，责任实践指数①得分为22.8分，处于起步者阶段，责任实践略微高于责任管理。责任实践三个方面中，市场责任和社会责任均处于起步阶段，环境责任处于旁观阶段。其中，市场责任得分最高（27.1分），高于社会责任（24.0分）和环境责任（17.3分）。

作为竞争性极强的行业，汽车企业对责任实践的重视程度高于责任管理，在经营发展中往往更加重视市场效益提升和客户服务改善，因此市场责任信息披露水平相对较高。作为与社会发展和环境保护息息相关的主体，车企的社会责任和环境责任的实践及信息披露水平还需要进一步加强。

---

① 责任实践指数为市场责任指数、社会责任指数和环境责任指数的平均值。

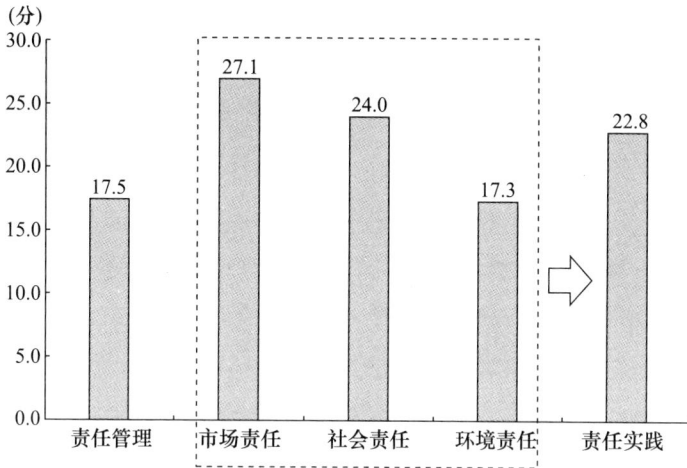

图 1 - 5 2016 年汽车企业社会责任发展指数的结构特征

（六）汽车企业在信息披露方面具有较强的一致性，无论是国有、外资/合资车企还是民营车企，都倾向于披露客户服务和科技创新等方面的非财务类数据，在责任管理和绿色经营方面的信息披露不足

整体看，汽车企业对社会责任议题的重视程度从高到低依次为：客户服务、科技创新、社区关系、依法经营、员工关爱、供应链管理、安全生产、责任管理、绿色经营、股东权益。对比社会责任议题得分情况，国有、外资/合资和民营三类车企的差异并不明显。具体看，国有车企依次重视：客户服务、科技创新、依法经营、社区关系、安全生产、股东权益、员工关爱、供应链管理、责任管理、绿色经营；外资/合资车企依次重视：客户服务、科技创新、依法经营、社区关系、安全生产、股东权益、员工关爱、供应链管理、责任管理、绿色经营；民营车企依次重视：客户服务、科技创新、社区关系、股东权益、员工关爱、依法经营、供应链管理、安全生产、责任管理、绿色经营。

汽车企业对客户服务和科技创新的关注程度最高，而对责任管理和绿色经营等议题关注度较低。究其原因，汽车企业的产品和服务与社会大众的生产和生活息息相关，加之其竞争性较强，留住和扩大客户群体成为其经营发展的核心，因此更重视通过优质的客户服务获得消费者的青睐，通过科技创新不断推出满足大众需求的产品，也更加关注客户服务和科技创新信息的披露。同时也反映出，行业整体社会责任发展水平较低，责任管理不完善，对于与消费者无直接关系的议题关注程度不足，导致这些方面的信息披露较弱。

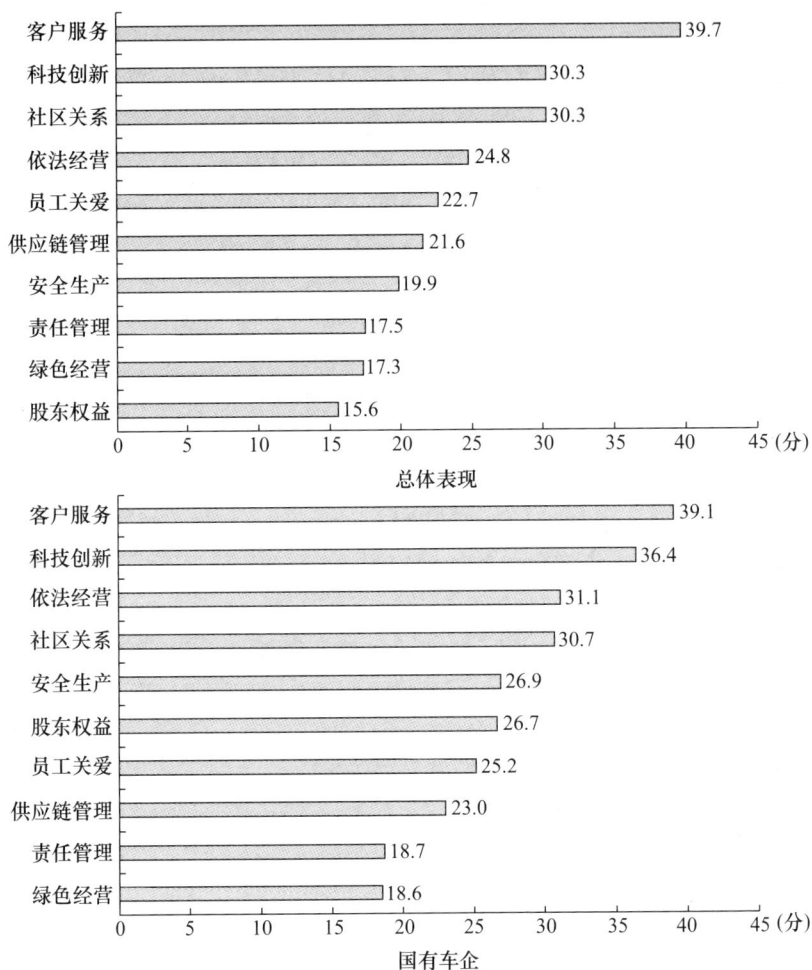

图1-6　汽车企业社会责任议题指数表现

客户服务 39.6
科技创新 31.3
依法经营 23.5
社区关系 22.8
安全生产 22.6
股东权益 21.5
员工关爱 19.1
供应链管理 18.9
责任管理 17.9
绿色经营 4.6

外资/合资车企

客户服务 41.0
科技创新 37.1
社区关系 27.4
股东权益 22.4
员工关爱 21.4
依法经营 19.6
供应链管理 15.2
安全生产 13.1
责任管理 12.5
绿色经营 11.2

民营车企

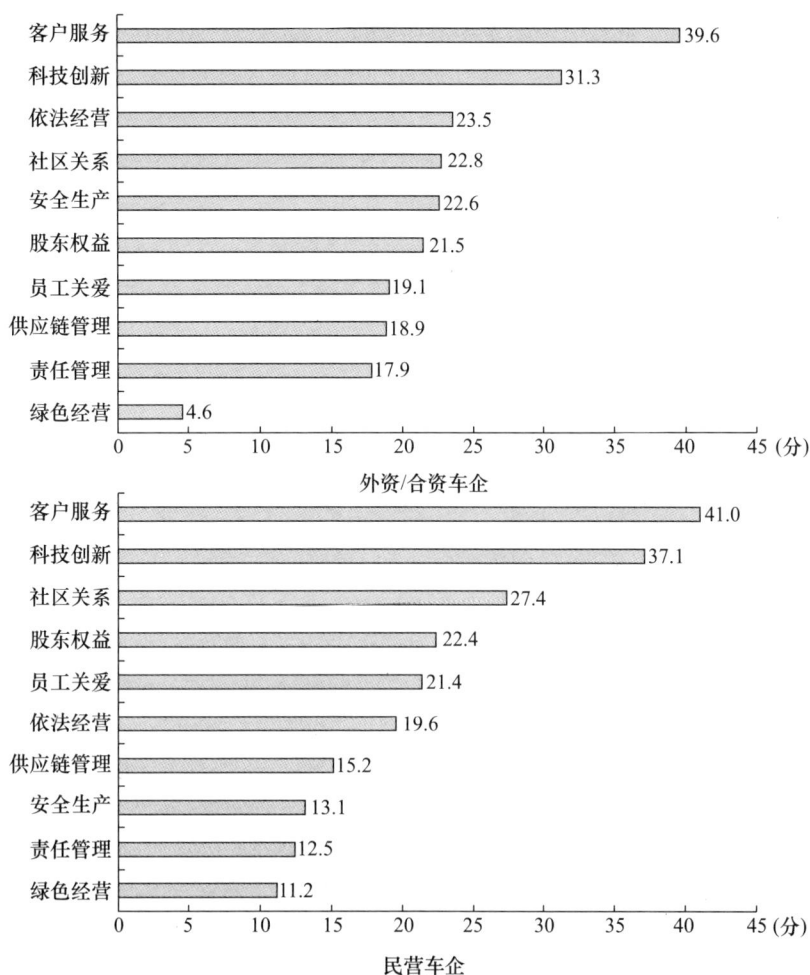

图1-6 汽车企业社会责任议题指数表现（续）

（七）上市车企与非上市车企社会责任发展指数差异明显。其中，上市车企社会责任发展指数为36.9分，处于起步者阶段，非上市车企社会责任发展指数为18.9分，仍处于旁观者阶段

上市车企的社会责任发展指数约是非上市车企的两倍，反映出上市车企比非上市车企更加关注社会责任相关信息的披露。这一方面反映出上市车企除了重视客户服务和产品质量之外，比非上市车企更重视与投资者的沟通，特别是财务信息的披露；另一方面得益于证券交易所对上市企业社会责任的推动，上市车企在信息披露水平上也比非上市车企更加全面和深入。

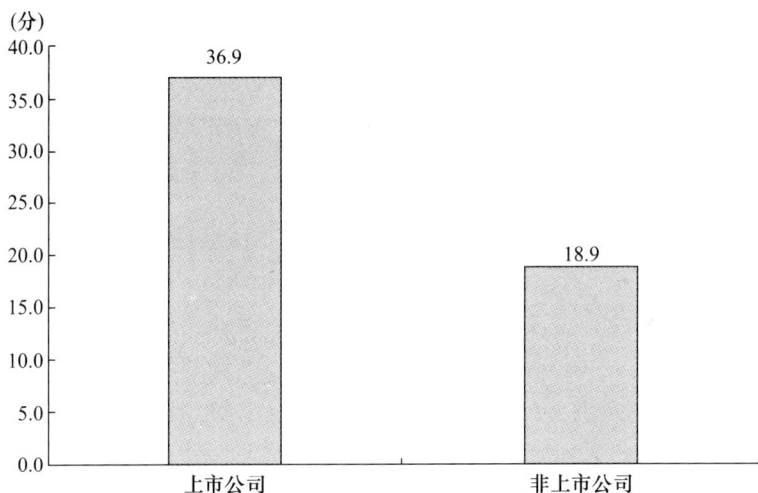

图1-7　上市与非上市车企社会责任发展指数

四、研究方法和技术路线

企业社会责任发展指数是对企业社会责任管理体系建设现状和社会/环境信息披露水平进行评价的综合指数，根据评价对象不同可产生不同的指数分类，进而形成中国汽车企业社会责任发展指数。

汽车企业社会责任发展指数（2016）的研究路径如下：延续责任管理、市场责任、社会责任、环境责任"四位一体"的理论模型；参考ISO26000等国际社会责任倡议、国内社会责任倡议文件和世界500强汽车企业社会责任报告指标，优化行业社会责任指标体系；从企业社会责任报告、企业年报、企业单项报告①、企业官方网站②收集汽车企业 2015~2016 年度的社会责任信息；对企业社会责任信息进行内容分析和定量分析，得出企业社会责任发展指数初始得分，并根据责任奖项、责任缺失③和创新责任管理对初始分数进行调整，得到企业社会责任发展指数最终得分与排名。

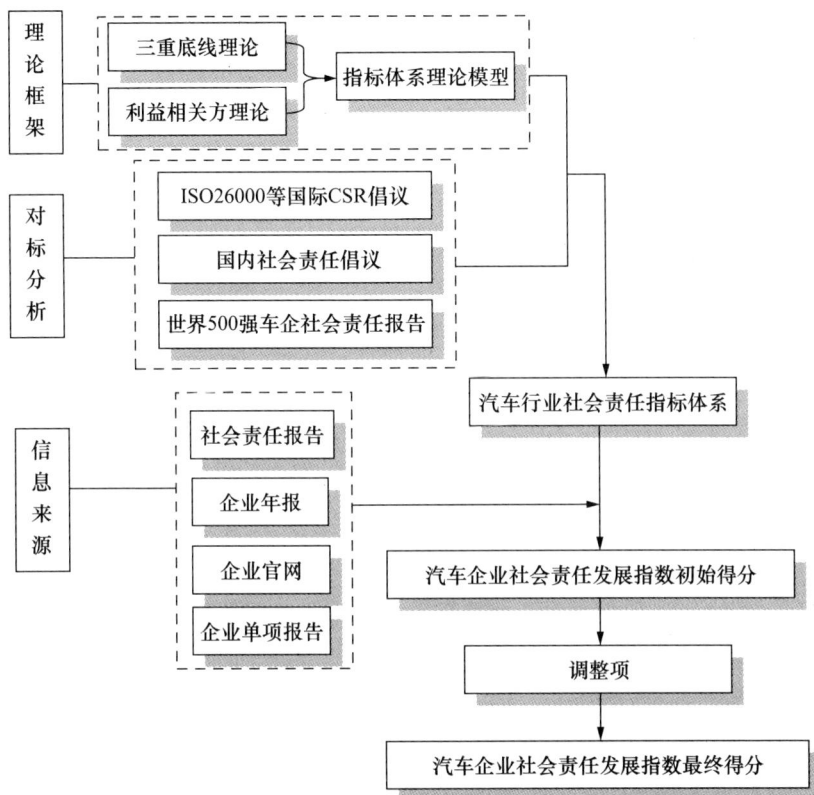

图 1-8　中国汽车企业社会责任发展指数研究路径

（一）理论模型

本研究延续责任管理、市场责任、社会责任、环境责任"四位一体"的理论模型（见图1-9）。责任管理位于模型的核心，是每个企业社会责任实践的原点。企业责任管理包括责任战略、责任治理、责任融合、责任绩效、责任沟通和责任能力。市场责任居于模型基部。企业是经济性组织，为市场高效率、低成本地提供有价值的产品或服务，取得较好的财务绩效是企业可持续发展的基础。市场责任包括客户责任、伙伴责任和股东责任等与企业业务活动密切相关的责任。社会责任为模型的左翼，包括政府责任、员工责任和社区责任。环境责任为模型的右翼，包括环境管理、节约能源资源、降污减排等内容。整个模型围绕责任管理这一核心，以市场责任为基石，社会责任、环境责任为两翼，形成一个稳定的闭环三角结构。

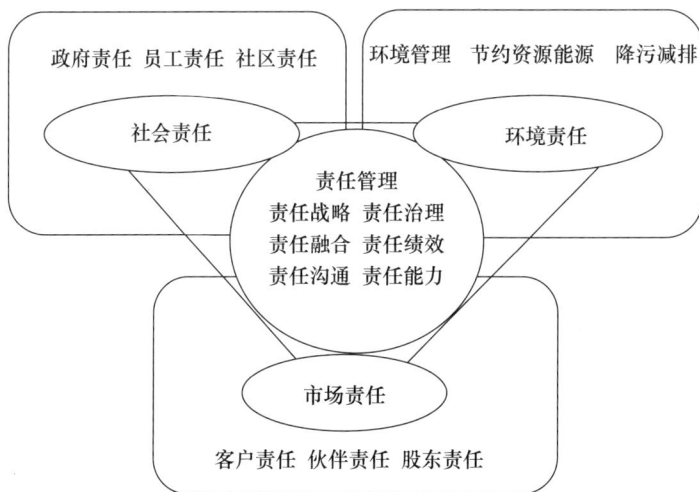

图1-9　"四位一体"理论模型

（二）指标体系

1. 对标分析

为了使中国汽车企业社会责任发展指数体系既能遵从国际规范又符合中国实

践，本研究参考了国际企业社会责任倡议和指标体系、国内企业社会责任倡议以及世界 500 强汽车企业的社会责任报告。不同行业社会责任议题的重要性存在着较大差别，中国汽车企业社会责任发展指数（2016）依据汽车行业的社会责任特性，构建了汽车行业的企业社会责任指标体系。

其中，参考的国际企业社会责任倡议和指标体系包括国际标准化组织颁布的《社会责任指南》（ISO26000）、全球报告倡议组织（GRI）《可持续发展报告指南》（G4）、《财富》100 强责任排名指数、道琼斯可持续发展指数等；参考的国内企业社会责任倡议和指南包括 GB/T 36000—2015《社会责任指南》、《深圳证券交易所上市公司社会责任指引》、联交所《环境、社会及管治报告指引》、《中国企业社会责任报告编写指南之一般框架（CASS‑CSR4.0）》等；参考的世界 500 强汽车企业的社会责任报告主要是所涉及企业的社会责任报告，以借鉴其中的行业关键指标。

2. 议题型的指标体系

考虑到汽车行业社会责任议题的特殊性，项目组从企业社会责任的一般议题出发，构建企业社会责任的通用议题评价指标，并结合行业特定社会责任议题，构建了行业特定社会责任议题评价指标，最终形成了中国企业社会责任发展指数（2016）"通用议题 + 行业特定议题"的评价指标体系。

表 1-6　中国汽车企业社会责任发展指数（2016）的指标体系

责任板块	责任议题
责任管理	责任管理
市场责任	股东权益
	供应链管理
	客户服务
	科技创新
	行业特定议题
社会责任	依法经营
	员工关爱
	社区关系
	安全生产
	行业特定议题

责任板块	责任议题
环境责任	绿色经营
	行业特定议题

（三）指标赋权与评分

中国汽车企业社会责任发展指数的赋值和评分共为五个步骤：

（1）根据指标体系中各项企业社会责任内容的相对重要性，运用层次分析法确定责任管理、市场责任、社会责任、环境责任四大类责任板块的权重。

（2）根据不同行业的实质性和重要性，为每大类责任议题以及每一议题下面具体指标赋权。

（3）根据企业社会责任管理现状和信息披露的情况，给出各项社会责任内容下的每一个指标的得分。[①]

（4）根据权重和各项责任板块的得分，计算企业社会责任发展指数的初始得分。计算公式为：

$$企业社会责任指数初始得分 = \sum_{j=1,2,3,4} A_j \times W_j$$

式中，A_j 为企业某社会责任板块得分，W_j 为该项责任板块的权重。

（5）初始得分加上调整项得分就是企业社会责任发展指数得分。调整项得分包括企业社会责任相关奖项的奖励分、企业社会责任管理的创新实践加分，以及年度重大社会责任缺失扣分项。

（四）数据来源

中国汽车企业社会责任发展指数的评价信息来自企业主动、公开披露的社会/环境信息。这些信息应该满足以下基本原则：①主动性，向社会主动披露社会/环境信息是企业的重要责任，因此，这些信息应该是企业主动披露的信息；②公开性，利益相关方能够通过公开渠道方便地获取相关信息；③实质性，这些

---

① 评分标准：无论管理类指标或绩效类指标，如果从企业公开信息中能够说明企业已经建立了相关体系或者披露了相关绩效数据，该项指标得分，否则，不得分。指标得分之和是该项责任板块的总得分。

信息要能切实反映企业履行社会责任的水平；④时效性，这些信息要反映出企业最新的责任实践。

本年度的信息搜集截止日期为 2016 年 7 月 30 日。如果企业在此之前公开发布了 2015 年度企业社会责任报告①、企业年度报告和企业单项报告，则纳入信息采集范围；否则不作为信息来源。企业官方网站的信息采集区间为 2015 年 8 月 1 日至 2016 年 7 月 30 日发布的消息。

此外，本研究在对企业履行社会责任的情况进行评价时，还考虑了企业的缺失行为和负面信息。由于中国企业很少主动披露负面信息，因此企业社会责任负面信息的来源不局限于社会责任报告、年报和官方网站，课题组还统计了新华网、人民网等权威媒体和政府网站的相关报道。

依据上述原则，本研究确定了五类信息来源：2015 年度企业社会责任报告、2015 年企业年报、企业单项报告、企业官方网站以及外部权威媒体新闻报道。

（五）星级划分

为了直观地反映出汽车企业的社会责任管理现状和信息披露水平，课题组根据企业社会责任发展的阶段特征，将企业年度社会责任发展指数进行星级分类：五星级、四星级、三星级、二星级和一星级，分别对应卓越者、领先者、追赶者、起步者和旁观者五个发展阶段，企业对应的社会责任发展指数星级水平和企业社会责任发展特征见表 1 - 7。

表 1 - 7　企业社会责任发展类型

序号	星级水平	得分区间	发展阶段	企业特征
1	五星级（★★★★★）	80 分以上	卓越者	企业建立了完善的社会责任管理体系，社会责任信息披露完整，是我国企业社会责任的卓越引领者
2	四星级（★★★★）	60 ~ 80 分	领先者	企业逐步建立社会责任管理体系，社会责任信息披露较为完整，是我国企业社会责任的先行者
3	三星级（★★★）	40 ~ 60 分	追赶者	企业开始推动社会责任管理工作，社会责任披露基本完善，是社会责任领先企业的追赶者

---

① 企业社会责任报告是企业非财务报告的统称，包括环境报告、可持续发展报告、企业公民报告、企业社会责任报告等。

序号	星级水平	得分区间	发展阶段	企业特征
4	二星级（★★）	20~40分	起步者	企业社会责任工作刚刚"起步"，尚未建立系统的社会责任管理体系，社会责任信息披露也较为零散、片面，与领先者和追赶者有着较大的差距
5	一星级（★）	20分以下	旁观者	企业社会责任信息披露严重不足

（六）企业社会责任发展系列指数

汽车企业社会责任发展指数是对汽车企业社会责任管理体系建设现状和社会/环境信息披露水平进行评价的综合指数，根据评价对象不同可产生不同的分类指数，按照汽车企业性质划分，可形成国有车企、外资/合资车企和民营车企等社会责任发展指数；按照企业品牌所属地划分，可形成中国、韩国、日本、欧美、本土等品牌车企社会责任发展指数；按照是否是上市公司划分，可形成上市、非上市车企社会责任发展指数；而按照责任议题划分，可形成员工、股东、环境等议题型社会责任发展指数，进而形成中国汽车企业社会责任发展系列指数。

表1-8 中国汽车企业社会责任发展指数组成

	指数分类	指数名称
中国汽车企业社会责任发展指数系列	（一）按企业性质划分	国有车企社会责任发展指数
		外资/合资车企社会责任发展指数
		民营车企社会责任发展指数
	（二）按品牌所属地划分	国别车企社会责任发展指数
	（三）按是否上市划分	上市车企社会责任发展指数
		非上市车企社会责任发展指数
	（四）按责任议题划分	重要议题社会责任发展指数

案 例 篇

第二章　社会责任管理

有效的责任管理是企业实现可持续发展的基石。企业应该推进企业社会责任管理体系的建设，并及时披露相关信息。企业社会责任管理体系包括责任战略、责任治理、责任融合、责任绩效、责任沟通和责任能力六大部分。其中，责任战略的制定过程实际上是企业社会责任的计划（Plan - P）；责任治理、责任融合的过程实际上是企业社会责任的执行（Do - D）；责任绩效和报告是对企业社会责任的评价（Check - C）；调查、研究自己社会责任工作的开展情况、利益相关方意见的反馈以及将责任绩效反馈到战略的过程就是企业社会责任的改善（Action - A）。这六项工作整合在一起构成了一个周而复始、闭环改进的 PDCA 过程，推动企业社会责任管理持续发展。

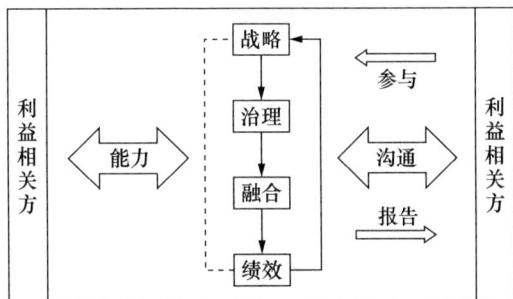

图 2 - 1　企业社会责任管理的六维框架

➢ **责任战略**：指公司在全面认识自身业务对经济社会环境影响、全面了解利益相关方需求的基础上，制定明确的社会责任理念、核心议题和社会责任规划，包括社会责任理念、社会责任议题和社会责任规划三个方面。

➢ **责任治理**：指通过建立必要的组织体系、制度体系和责任体系，保证公司

CSR 理念得以贯彻，保证 CSR 规划和目标得以落实。责任治理包括 CSR 组织、CSR 制度等方面。

➤ 责任融合：指企业将 CSR 理念融入企业经营发展战略和日常运营，包括推进专项工作转变、推动下属企业履行社会责任、推动供应链合作伙伴履行社会责任三个方面。

➤ 责任绩效：是指企业建立社会责任指标体系，并进行考核评价，确保社会责任目标的实现，包括社会责任指标体系和社会责任考核评价等方面。

➤ 责任沟通：指企业就自身社会责任工作与利益相关方开展交流，进行信息双向传递、接收、分析和反馈，包括利益相关方参与、CSR 内部沟通机制和 CSR 外部沟通机制等方面。

➤ 责任能力：指企业通过开展社会责任课题研究、参与社会责任交流和研讨活动提升组织知识水平；通过开展社会责任培训与教育活动提升组织员工的社会责任意识。

本次研究以企业社会责任管理六维框架作为评价依据，对国内 100 家整车企业的社会责任管理工作进行梳理。东风汽车公司、现代汽车集团（中国）、丰田汽车（中国）、中国第一汽车集团公司以及安徽江淮汽车股份有限公司 5 家企业具有完善的责任战略、责任管理体系、责任沟通机制等，并开展多项责任管理工作，促进社会责任与企业生产运营的融合，在社会责任管理方面表现卓越。

一、战略引领实践，推进"润"计划实施[①]

——东风汽车公司

东风汽车公司在"东风化雨，润泽四方"社会责任理念的指导下，稳步推进"润"计划实施，建立了完善的上下联动社会责任组织体系，积极与各利益相关方沟通，发布《商德公约》，有效地促进社会责任工作融入生产经营。

---

① 见《东风汽车公司 2015 年社会责任报告》。

（一）责任战略

东风汽车公司秉承"东风化雨，润泽四方"的社会责任理念，引领公司社会责任工作推进。"东风化雨"从"春风化雨"而来，"春风化雨"系由"春风"及"化雨"两词语组合而成。"春风"是出自汉·刘向《说苑·卷五·贵德》"春风风人"，"化雨"则是出自《孟子·尽心上》"时雨化之"，后来这两个典源被合用成"春风化雨"，又称"东风化雨"，寓意君子像春风一样和煦、像及时雨一样及时，润育别人、帮助别人。中国诗圣杜甫有句著名的诗："随风潜入夜，润物细无声。"东风汽车公司用"东风化雨，润泽四方"来表达其承担社会责任的初衷、意愿和态度。东风汽车公司带动相关方获取自我价值并积极致力于社会和谐、环境保护，实现科学发展、可持续发展。

在"东风化雨，润泽四方"的责任理念指导下，东风汽车公司于2012年发布社会责任中期行动计划——"润"计划，以战略引领履责实践，提升公司责任水平。

图 2-2

"润"计划（2012～2015年）：贯彻落实科学发展观，围绕公司"三个东风"愿景和"十二五"战略规划，全面提升社会责任管理，将社会责任理念融入公司战略和全价值链管理中，追求经济、社会、环境和人文的综合价值最大化，为实现"做强做优，建设国内最强、国际一流的汽车制造商"的目标贡献价值，以卓越的责任实践回馈社会，促进中国汽车工业振兴发展，为实现"中国梦"和"汽车强国梦"贡献力量。

经济责任
润色国计民生　与国家共繁荣
Economic responsibility—Contrbute to national economy
and the people's livelihood and anticipate a briliant future
with the nation

文化责任
润浸文化　与文明共发展
Cultural responsibility—Contribute to cultural
development and develop together with civilization

利益相关者责任
润泽利益相关者　与之共成长
Stakeholder responsibility—Benefit the stakeholders and
grow with them

社会公益责任
润丽公益事业　与社会共进步
Social responsibility—Contribute to public affairs and
advance with the society

环境责任
润丽自然　与环境共和谐
Environmental responsibility—Nurture the nature and
keep harmonious with the environment

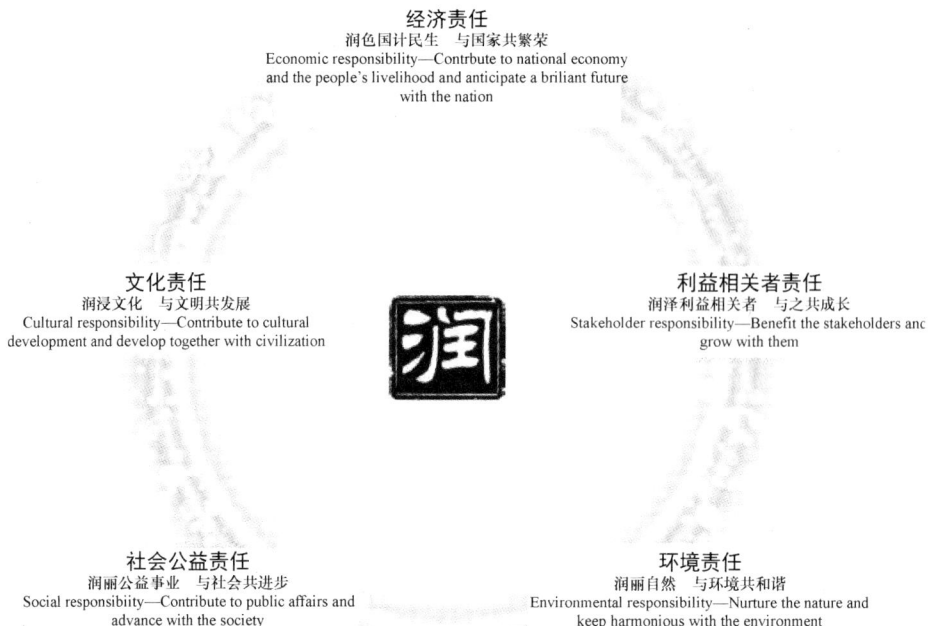

图 2 - 3　"润"计划体系

东风汽车公司社会责任议题选择兼顾国际标准、国家政策要求、社会舆论关注点、汽车行业企业和相关企业议题趋势以及公司发展规划，参考国际标准与趋势、国家政策要求和社会舆论关注点形成一般议题；通过分析国内汽车行业企业及相关行业企业形成行业议题；结合公司发展规划和运营实践形成东风汽车社会责任议题。将筛选出的社会责任议题进行审核后，最终确定公司社会责任议题。

东风公司通过电子问卷调查（有效问卷 3630 份）和访谈（18 场次）开展针对内外部利益相关方的社会责任议题重要性调研。根据"对东风汽车经营的影响"和"对利益相关方的重要性"两个维度建立核心议题矩阵，对议题池中的议题进行优先等级排序。核心议题筛选结果如图 2 - 4 所示：

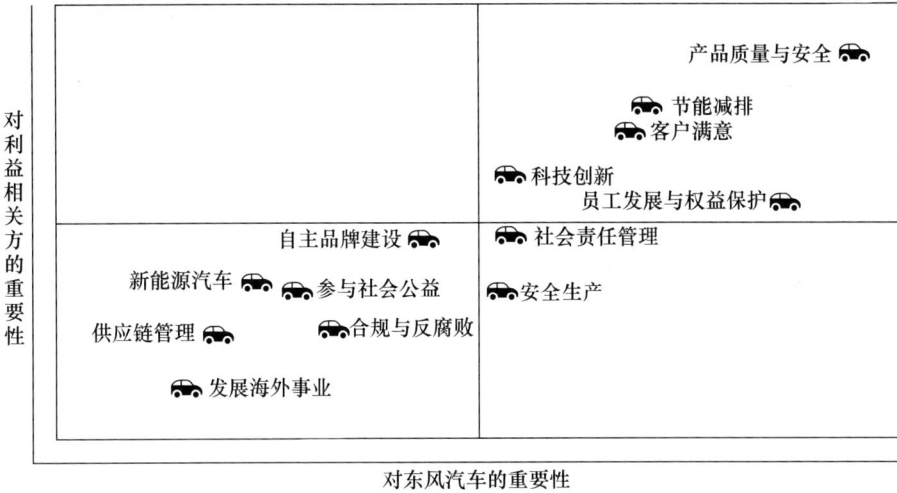

图 2-4　东风汽车公司核心议题矩阵

（二）责任治理

按照《东风汽车公司社会责任管理办法》的要求，公司明确企业社会责任规划管理、执行管理和运营评价管理等方面内容，严格执行对外捐赠流程和信息报送制度等，实现社会责任工作规范化与体系化。

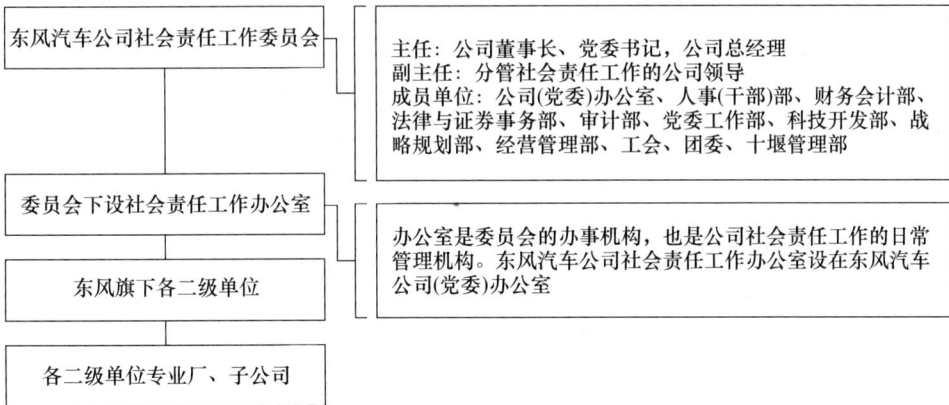

图 2-5　东风汽车公司社会责任组织体系

（三）责任融合

40余年的发展中，东风公司一直致力于推动行业健康良性发展和更加规范、诚信、公平、透明的市场秩序的构建，争做优秀企业公民。2014年，东风汽车公司发布凝聚企业精神的"和"文化战略，合心、合力、合作，打造企业文化品牌。

在全面推进深化改革、全面依法治国的时代背景下，东风公司以依法合规经营为基本原则，秉承东风"和"文化及社会责任"润"计划，对标国际商业惯例和《社会责任指南》ISO26000，制定了《商德公约》作为东风公司的行为准则和指南，将企业社会责任与生产经营深入融合，打造"讲文化"、"讲商德"的东风汽车形象。

《商德公约》是东风40余年经营发展的思考和总结，彰显着公司对未来的责任和选择。东风将谨守公约的每一条原则，推进共享共赢，履行社会责任，争做优秀企业公民，致力于人、车、社会、自然的和谐，加快建设诚信东风、法治东风、廉洁东风、责任东风，努力成为新国企发展典范，积极为商业文明构建和社会文明进步做出贡献。《商德公约》囊括了商业道德的各个方面，既是约定也是承诺，既是规范也是指南。

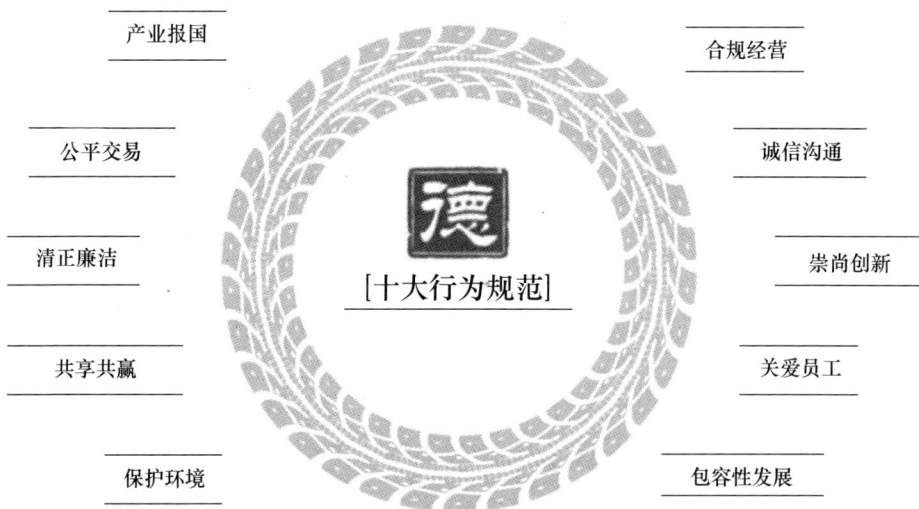

图2-6 《商德公约》十大行为规范

（四）责任沟通

表2-1 利益相关方名单、期望及回应方式

利益相关方	诉求	沟通渠道和方式
政府	响应国家政策 诚信守法经营 依法纳税 带动就业	参与政策、标准、规划调研与制定 足额纳税 创造就业岗位
出资人	国有资产保值增值 规范公司治理　防范经营风险	投资者交流汇报会 报表信息披露 接受国资委的监督考核
客户	提供高品质产品 确保产品安全 提供优质服务	客户满意度调查 客户关系管理 客户座谈与走访 积极应对客户投诉
员工	员工权益 保障员工职业发展 员工关爱	职工代表大会 工会组织 员工参与企业管理渠道 意见和合理化建议征集
行业伙伴	经验共享 技术交流	参与行业会议 专业技术比武与交流
合作伙伴	遵守商业道德 公开、公平、公正采购 互利共赢、共同发展	公开采购信息 谈判与交流
社区与环境	社区公共事业发展 环境保护	社区公益活动 社区共建活动 与环保部门和团体保持沟通、学习

东风不断完善社会责任内部沟通机制，积极与员工进行社会责任相关议题的有效沟通。一方面，通过民主沟通会、形势目标教育、基层走访调研等形式，与员工就企业发展、薪酬福利等内容进行面对面的沟通交流；另一方面，集团总部

向旗下各单位发放年度《社会责任报告》和月度《社会责任工作简报》，及时披露责任绩效，增进责任沟通与信息共享。

公司不断丰富外部社会责任沟通方式，在公开向社会发布年度社会责任报告的同时，一方面，充分利用官方微博、微信等自媒体及各大公众媒体平台实现责任信息的及时有效传播；另一方面，公司通过中国公益慈善项目交流展示会、"党政媒体考察"等活动，进一步加强履责绩效的沟通。

图 2-7　扶贫考察

2015 年，公司围绕"精准扶贫"主题，邀请《人民日报》、新华社、《经济日报》、《西藏日报》、《湖北日报》等党政媒体，分别前往东风对口帮扶地区西藏昌都地区贡觉县和湖北房县、恩施、兴山等地开展东风"十二五"扶贫成果考察活动，用镜头和文字记录下东风倾情、倾心、倾力开展对口扶贫工作的成果。

（五）责任能力

公司通过社会责任理论课题研究和实施，进一步明晰了东风社会责任发展核心要义，助推责任建设融入企业管理经营，较好地促进社会责任工作向诚信合规、科学系统、精准高效的管理目标不断迈进。东风汽车公司于 2012 年发布社会责任"润"计划，2014 年发布"和"文化战略，2015 年在中央企业和中国汽车行业率先发布《商德公约》，积极推动社会责任与企业运营的深度融合；研究构建起以"和"文化、"润"计划和《商德公约》为主体的"三位一体"企业软实力体系，总结和升华公司 40 多年的实践经验，也是东风未来核心竞争力的重要组成部分。

此外，东风汽车公司注重培育员工责任意识，开展社会责任能力建设。东风汽车公司协同旗下单位，参加国家民政部、中国社科院社会责任研究中心组织的相关社会责任培训活动，以促进东风社会责任系统从业人员的工作水平提升，带动全集团社会责任管理及实践水平。

二、持续对话合作，共创可持续价值①

——现代汽车集团（中国）

现代汽车集团以成为"可持续发展价值的提供者"为社会责任工作的中长期战略目标，在此战略目标的引领下，集团成立中国社会责任委员会统筹公司社会责任工作，通过召开社会贡献协商会、参与内外部社会责任调研和学习等，积极开展与利益相关方的沟通交流，促进社会责任与企业文化的融合发展。

（一）责任战略

现代汽车集团（中国）将社会责任中长期战略目标设定为"可持续发展价值的提供者"，与利益相关方展开持续对话合作，共创可持续发展价值。在现代汽车中国社会责任委员会和现代汽车（中国）投资有限公司的推动下，各法人正逐步将社会责任融入企业文化，并与生产经营融合。

---

① 见《现代汽车集团（中国）投资有限公司 2015 年社会责任报告》。

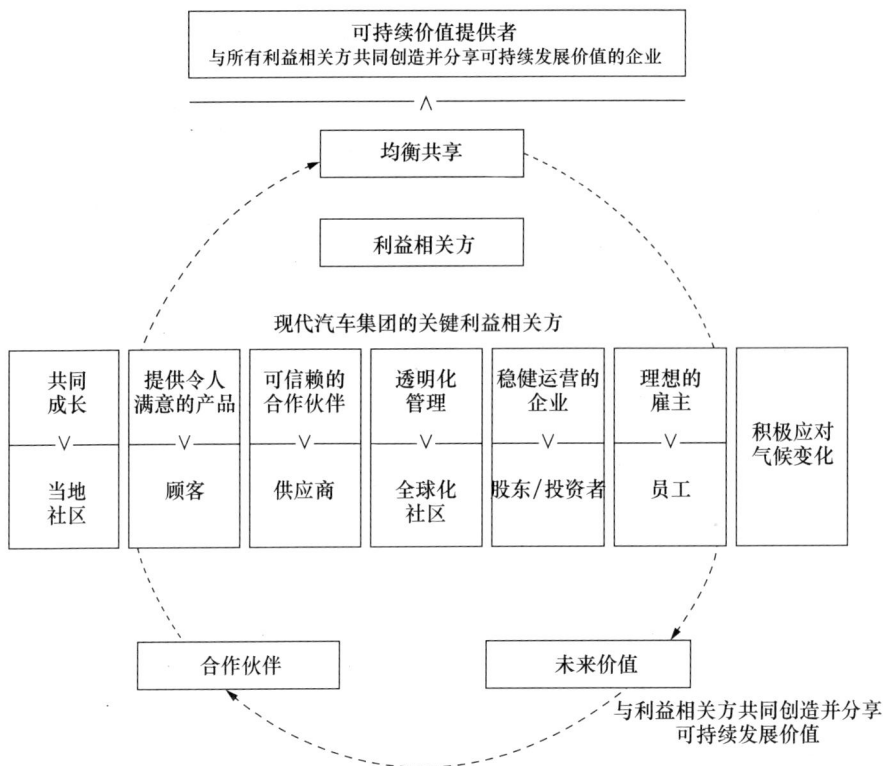

图 2-8 社会责任中长期战略规划

现代汽车集团（中国）通过核心议题筛选旨在了解内外部利益相关方最关注的社会责任议题，并在社会责任报告及未来沟通中进行有效回应。根据现代汽车集团自身特点和当地发展战略，综合考虑利益相关方就可持续发展提出的主要关注点、议题和指标，同行和竞争者披露的行业重要主题和未来挑战，国际、国内的 CSR 标准以及对机构及其利益相关方具有战略意义的相关法律、法规，筛选出 27 个重要社会责任议题（见图 2-9）。

公司将问卷以邮件方式发给来自各个机构和部门的关键利益相关方，回收问卷情况如图 2-10 所示。

公司根据问卷调查结果建立议题筛选矩阵，从对外部利益相关方的重要性和对内部利益相关方的重要性两个维度，对核心议题进行排序，筛选出现代汽车集团（中国）最终的社会责任核心议题（见图 2-11）。

公司治理
合规经营与商业道德
ESG风险管理(环境、社会、治理)

增加社会就业
社会沟通
公益慈善
社区建设
员工志愿活动

安全生产
人权
供应链管理
提升供应链履责能力
经销商管理

公司治理与
社会责任管理

社区责任

价值链责任

**议题池
(27个议题)**

节能减排
消费者与公众沟通
企业污染和废物管理
绿色环保汽车
应对气候变化
保护生物多样性

环境责任

客户责任

汽车安全与产品质量
技术创新
客户服务
道路安全教育
客户隐私及信息安全

员工责任

员工基本权益保障
健康与安全
培训与发展

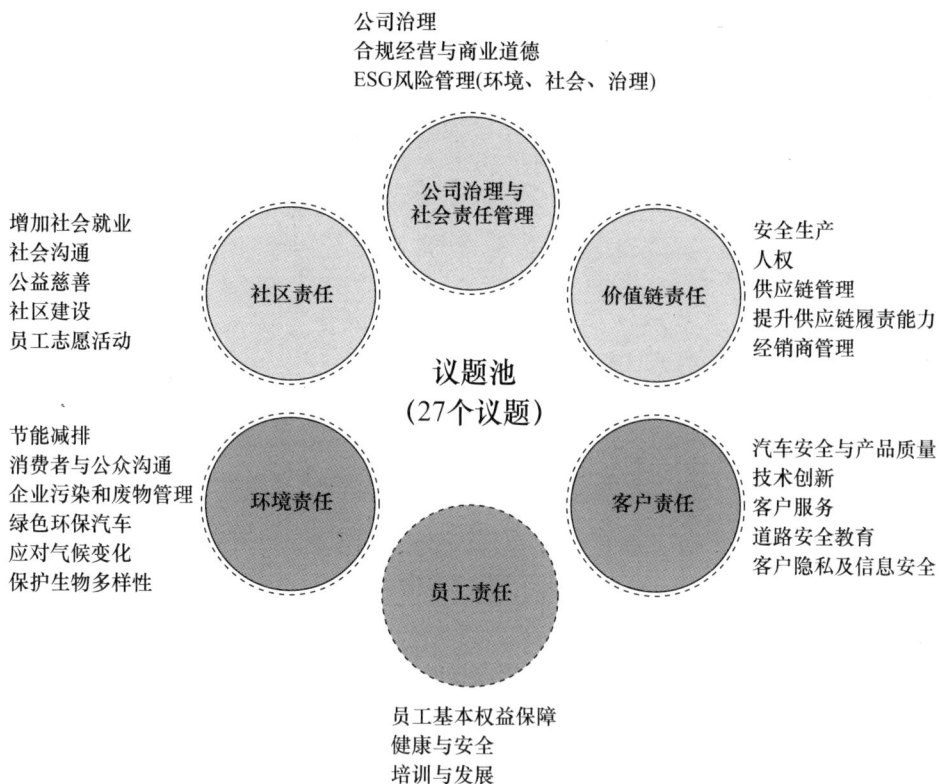

图 2-9　核心议题池

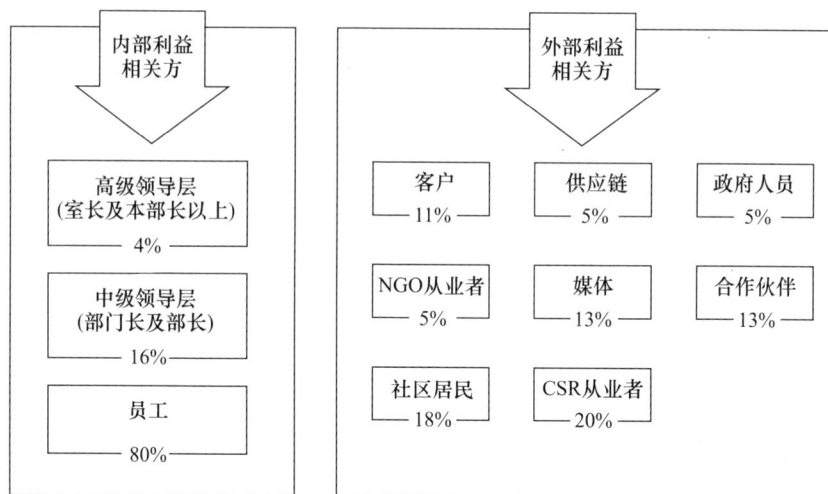

内部利益
相关方

外部利益
相关方

高级领导层
(室长及本部长以上)
——4%

中级领导层
(部门长及部长)
——16%

员工
——80%

客户
——11%

供应链
——5%

政府人员
——5%

NGO从业者
——5%

媒体
——13%

合作伙伴
——13%

社区居民
——18%

CSR从业者
——20%

图 2-10　问卷调查情况

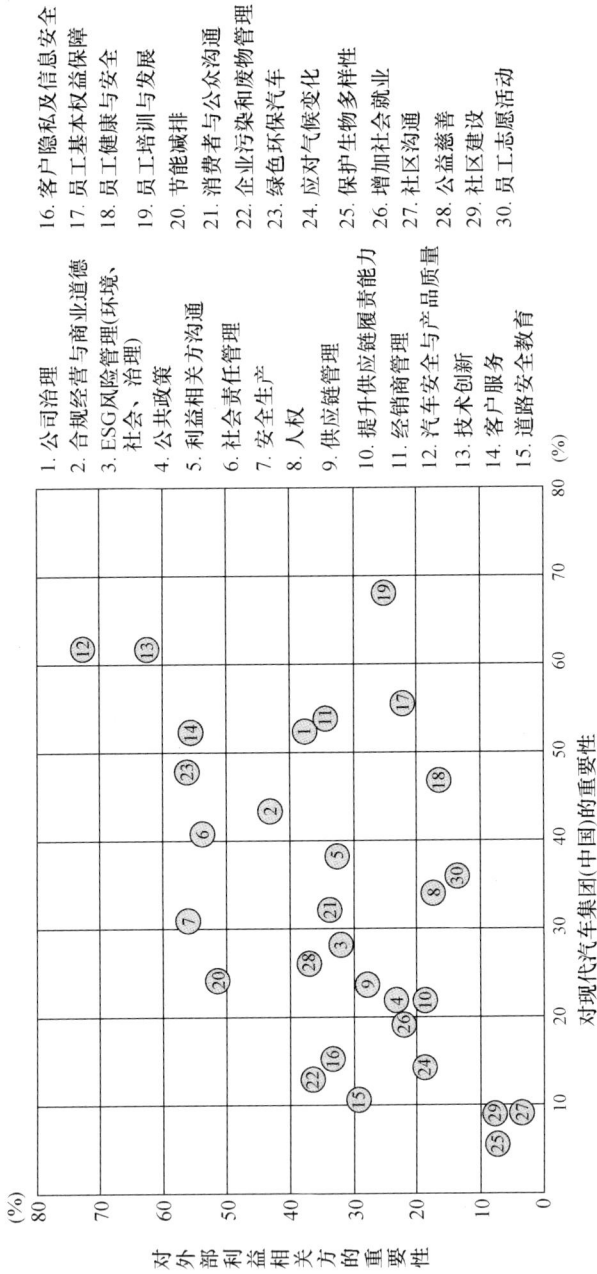

图2-11 现代汽车集团（中国）核心议题矩阵

1. 公司治理
2. 合规经营与商业道德
3. ESG风险管理（环境、社会、治理）
4. 公共政策
5. 利益相关方沟通
6. 社会责任管理
7. 安全生产
8. 人权
9. 供应链管理
10. 提升供应链履责能力
11. 经销商管理
12. 汽车安全与产品质量
13. 技术创新
14. 客户服务
15. 道路安全教育
16. 客户隐私及信息安全
17. 员工基本权益保障
18. 员工健康与安全
19. 员工培训与发展
20. 节能减排
21. 消费者与公众沟通
22. 企业污染和废物管理
23. 绿色环保汽车
24. 应对气候变化
25. 保护生物多样性
26. 增加社会就业
27. 社区沟通
28. 公益慈善
29. 社区建设
30. 员工志愿活动

现代汽车集团中国社会责任委员会

现代汽车(中国)投资有限公司
社会贡献部

韩国总部
中国事业相关
—中国经营支援TEAM
—社会文化TEAM
—现代CSV经营TEAM
—起亚CSR经营TEAM

整车生产厂商
—北京现代 公关部
—东风悦达起亚 企划部
—四川现代 企划管理本部

零部件工厂
—摩比斯各法人 经营支援部/管理部
—威亚各法人 经营支援部
—山东派沃泰 人事总务部
—岱摩斯各法人 人事总务部

建设/钢铁及其他
—现代建设 财务人事部
—现代制铁中国地方法人 管理部
—北京现代汽车金融 公关部
—伊诺盛各法人 管理部
—格罗唯视各法人 人事总务部

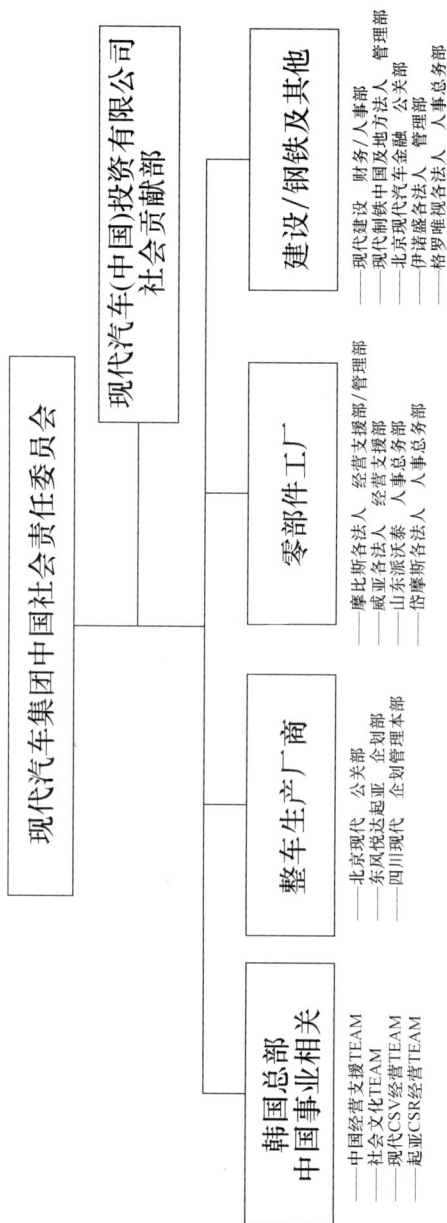

图 2-12 现代汽车集团（中国）社会责任组织体系

（二）责任治理

现代汽车集团成立中国社会责任委员会，作为中国区社会责任工作最高领导机构。现代汽车（中国）投资有限公司成立社会贡献部，负责组织协调集团子公司推进中国地区的社会责任工作（如图 2 - 12 所示）。

（三）责任融合

现代汽车集团积极推动社会责任理念在各法人管理经营工作中的融入，整体提升现代汽车集团的社会责任实践水平。2015 年，集团分别在 2 月和 10 月召开现代汽车集团（中国）社会贡献协商会，与中国地区的主要集团公司和相关部门共享集团公司社会贡献活动案例、中国社会贡献优秀企业案例、新项目等。

图 2 - 13   社会贡献协商会

（四）责任沟通

现代汽车集团认为，利益相关方沟通是实现企业的经营哲学和可持续经营的重要因素。现代汽车集团关注利益相关方的期望和诉求，设立各利益相关方沟通渠道以倾听其宝贵意见。公司将利益相关方诉求与经营活动结合，创造积极的协同效应。

利益相关方	利益相关方期望	现代汽车集团回应措施
顾客	安全与高质量的产品 优质的服务 产品信息获取 针对产品和服务不断改进信息安全	保证产品安全与质量 研发创新 建立顾客服务体系 信息安全保护
员工	基本权益保护 职业成长 健康与安全工作 工作与生活平衡	建立基本权益保护体系 开放、公平的晋升渠道 职业健康体检与关怀 安全生产 员工关爱
合作伙伴（包括经销商）	战略共享 公平竞争 信息共享 能力建设帮扶	建立战略共享机制和平台 开放信息沟通 开展培训 经销商/合作公司培训
政府	守法合规 公平竞争 诚信经营	严格遵守法律法规 保证公平竞争和诚信经营 足额纳税
环境	生产和经营减少环境影响 保护生态 改善环境	绿色生产 打造绿色产品 绿色办公 环保公益
社区	突发事件救助 开展公益帮扶 助力社区发展	公益捐赠 赛事赞助 公益行动

图 2-14　利益相关方期望与回应

| 定期发布
社会责任报告 | 官网设置
社会责任专栏 | 官方微信推送
社会责任信息 | 公益白皮书
记录公益实践 |

图 2-15　通过多种方式发布社会责任信息

此外，公司针对不同的利益相关方采取有效渠道进行沟通：

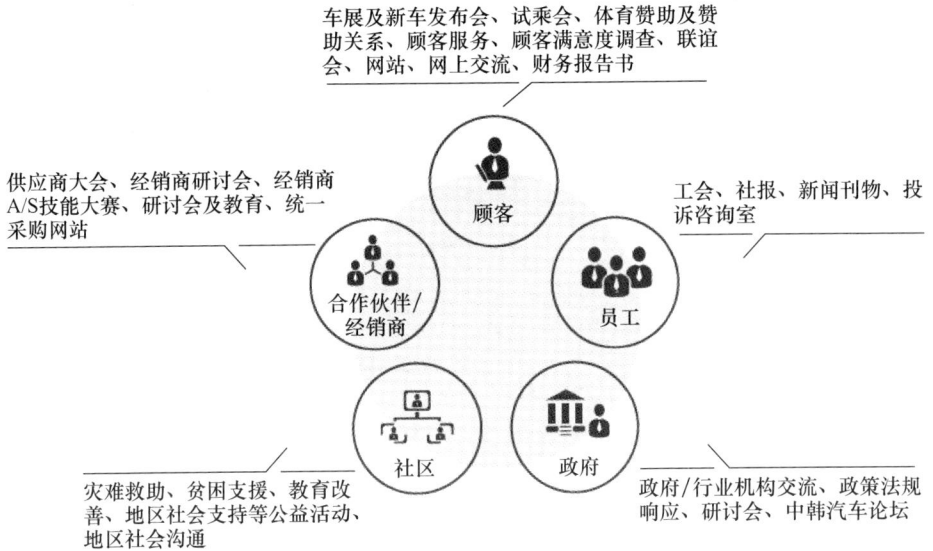

车展及新车发布会、试乘会、体育赞助及赞助关系、顾客服务、顾客满意度调查、联谊会、网站、网上交流、财务报告书

供应商大会、经销商研讨会、经销商A/S技能大赛、研讨会及教育、统一采购网站

工会、社报、新闻刊物、投诉咨询室

顾客

合作伙伴/经销商

员工

社区

政府

灾难救助、贫困支援、教育改善、地区社会支持等公益活动、地区社会沟通

政府/行业机构交流、政策法规响应、研讨会、中韩汽车论坛

图 2 - 16　利益相关方沟通渠道

（五）责任能力

现代汽车集团参与外部调研、培训等活动，推动社会责任管理和实践的专业化和规范化，进一步提升公司的社会责任工作水平。

第三届中韩汽车产业发展研讨会　参加"分享责任首席责任官计划"　参加公益讲堂

在华韩国企业社会责任论坛　协办"分享责任中国行"　2015年，与中国社科院企业社会责任研究中心合作编写并发布《企业公益报告编写指南》

图 2 - 17　责任能力提升实践

三、制定 CSR 方针，助力可持续发展①

——丰田汽车（中国）

1990 年丰田与中国汽车工业总公司、金杯汽车股份有限公司合作创立辽宁丰田金杯技师学院，从此丰田开启了在中国的社会贡献历程。此后，丰田不断加强企业社会责任管理，并制定了"为社会、地球的可持续发展做出贡献"的方针。丰田汽车（中国）谨守这一方针，以此为指导，有条不紊地开展各项 CSR 相关活动。

（一）责任战略

丰田汽车公司及子公司以"丰田基本理念"为基础，制定"为社会、地球的可持续发展做出贡献"的 CSR 方针，作为跨国企业，通过在各国各地区的所有事业活动，率先为社会、地球的和谐与可持续发展做出贡献。公司希望交易伙伴能够支持本方针的宗旨，并以此为基础付诸行动。

表 2 - 2　利益相关方

员工	本着"只有基于每一位员工的创造力与优秀的团队合作才能够实现事业活动的成功"的信念，尊重员工，为每个人的成长提供支持
	在提供平等的就业机会的同时，还努力确保员工的多样性和集体意识。另外，不对员工进行差别对待
	为全体员工提供公正的劳动条件，并努力维持、改进安全健康的劳动环境
	尊重事业活动相关的所有人的人权，不进行任何形式的强制劳动、不雇佣童工
	通过与员工的真诚对话，构筑"相互信赖，相互负责"的价值观并共同分享。另外，为了员工与公司的共同繁荣而共同努力。依据事业活动所在的法令，认可员工自由结社的权利或是不结社的权利
	在经营管理层的带头示范下，努力营造符合道德伦理规范行为的企业文化，并予以贯彻

---

① 见《丰田汽车（中国）2015～2016 年社会责任报告》。

续表

顾客	以"顾客第一主义"的信念为基础，为了让全世界的人们过上富裕的生活，开发并提供能够满足顾客期待的创新、安全且品质卓越的产品与服务
	遵守各国的法律法规及其精神，彻底保护顾客等所有与事业活动相关人员的个人信息
环境	通过所有事业活动努力保护环境，开发并普及环境和经济共同发展的技术，同时还与广泛的社会各界携手合作，致力于防止全球温室效应、保护生物多样性等，力求实现与环境相协调的发展
社会	尊重各国的文化、风俗习惯、历史以及法律，实现"人性化"的经营
	为了创造出社会所期望的可持续发展的汽车产品，坚持不懈地追求安全、环保且能够满足社会需求的先进技术
	杜绝与政府或贸易伙伴之间的行贿受贿行为，与政府各部门维持真诚且公正的关系
股东	为了股东的利益，努力通过长期稳定的发展来提高企业价值
	适时并适当地向股东以及投资者公开事业、财务状况和业绩
公益活动	在进行事业活动的所有地区，独自或与合作伙伴携手，为发展地区社会、建设富足社会而积极推进社会公益活动
贸易伙伴	尊重供应商、经销店等贸易伙伴，从长远的角度努力实现以相互信赖为基础的共存共荣；在决定交易伙伴时，对于所有候选企业，不问其国籍或是规模，广开门户，根据综合优势进行判断
	遵守各国竞争法的规定与精神，维持公正且自由的交易

丰田汽车（中国）秉持"为社会、地球的可持续发展做出贡献"的CSR方针，以"丰田基本理念"为基础，确立了公司对员工、顾客、环境、社会、贸易伙伴、公益活动等关键利益相关方的基本责任，并结合国际标准要求、丰田全球的CSR模型和丰田中国以往实践、常态化的沟通机制，筛选出对丰田汽车（中国）和利益相关方影响较大的实质性议题，并以此作为加强企业社会责任管理和对外信息披露的重要参考（如图2－18所示）。

（二）责任沟通

丰田汽车（中国）遵守国内、国际的法令及其精神，具有诚意地、诚信地进行事业活动。公司为追求可持续发展，在经营中重视所有利益相关方，通过公开公正的交流，努力维持并发展与利益相关方的健全的关系。

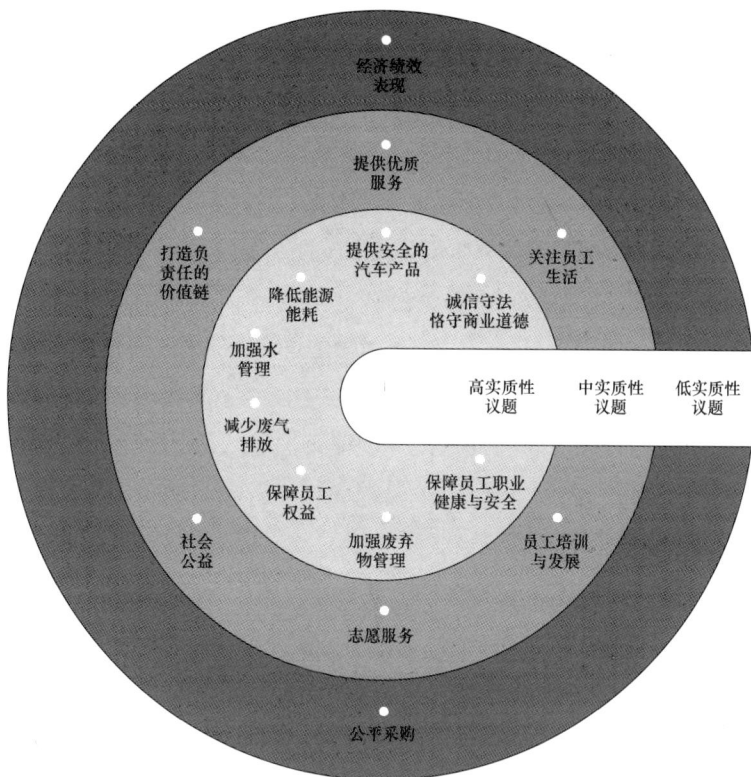

经济绩效
表现

提供优质
服务

打造负
责任的
价值链

提供安全的
汽车产品

关注员工
生活

降低能源
能耗

诚信守法
恪守商业道德

加强水
管理

高实质性
议题

中实质性
议题

低实质性
议题

减少废气
排放

保障员工
权益

保障员工职业
健康与安全

社会
公益

加强废弃
物管理

员工培训
与发展

志愿服务

公平采购

图 2-18　丰田汽车（中国）实质性议题

　　丰田汽车（中国）高度重视利益相关方参与。在日常经营中，丰田汽车（中国）不断完善各项沟通机制，积极倾听相关方的声音、了解相关方的诉求，并据此做出实质性回应，期冀与利益相关方一起，创造可持续的共享价值，如图2-19所示。

　　2015年7月，丰田汽车（中国）社会贡献部举办了第三届"丰田中国CSR分享联络会"。作为推动中国各事业体之间关于企业社会责任领域的交流与互动的常设活动，本活动邀请内外部专家以及来自各事业体的30余位CSR负责人分享其经验。

利益相关方	关注议题	沟通形式及主要表现	
政府与监管机构	守法经营 依法纳税 环境友好 促进中国汽车行业良性发展	·合规经营 ·依法纳税 ·反垄断 ·本地化经营 ·加强环境管理	
环境	节约能源 减少排放 减少运营中的环境影响	·制订环境行动计划 ·研发环保技术和环保车型	·绿色产品生命周期 ·绿色采购
客户	产品安全 服务优质 满足多样化的产品需求	·研发安全技术 ·福祉车开发 ·生产高品质汽车产品	·快速改善质量问题 ·提供超越期待的服务 ·与经销商共同实践顾客第一
员工	权益保障 职业发展 职业健康与安全 工作与生活平衡	·完善薪酬福利体系 ·畅通员工沟通 ·清晰职业发展 ·开展各项学习和培训项目	·保障职业健康与安全 ·开展员工关爱活动 ·开展员工志愿者活动
社区	回馈社区 环境友好 关怀弱势群体 普及交通安全知识	·开展环境保护行动 ·开展人才培养项目 ·开展交通安全活动	·开展慈善关爱活动 ·开展员工志愿活动
供应商	合规经营 公平采购 合作共赢	·公平贸易 ·发布绿色采购指南	·开展供应商相互监督检查活动
经销商	合规经营 产品和服务质量 合作共赢	·引入全球"经销商环境风险审核计划" ·共同实践顾客第一，提供优质服务	

图 2-19　利益相关方沟通

四、自上而下，深化 CSR 管理[①]

——中国第一汽车集团公司

中国一汽坚守促进"人·车·社会和谐发展"的社会责任理念，建立由集团高层组成的社会责任领导小组，下设社会责任专岗，深入推进责任管理融入生产经营。公司通过完善的社会责任议题筛选机制和流程，准确识别及确定履责重点议题，并将此作为开展工作的重点，确保切实履责。

（一）责任战略

中国一汽秉持促进"人·车·社会和谐发展"的社会责任理念，履行"出汽车、出人才、出经验"的企业发展使命，全面落实社会责任重点任务，加强与利益相关方的沟通水平，提升一汽可持续竞争力与品牌形象，践行安全品质、自主创新、转型发展、节能环保、社会公益、员工成长等责任，以成为广受尊重的"道德、透明、负责任"的企业为奋斗目标，实现中国一汽与经济、社会、环境的持续协调发展（如图 2-20 所示）。

2016 年，公司启动中国一汽《"十三五"社会责任战略规划》制定工作，明确社会责任管理的目标、定位、工作要求与推进路径。

中国一汽建立了完善的社会责任议题筛选机制和流程，准确识别及确定履责重点议题，为公司相关工作提供重要依据，并针对重点议题与利益相关方进行及时充分的沟通，保证切实履责（如图 2-21 所示）。

（二）责任治理

中国一汽主动推进企业社会责任管理深化发展，成立由集团高级管理层组成的社会责任领导小组，明确集团办公室为社会责任工作归口管理部门，并设立社会责任专岗。2015 年，公司组织了社会责任专项培训，制定《集团公司社会责

---

① 见《中国第一汽车集团公司 2015 年社会责任报告》。

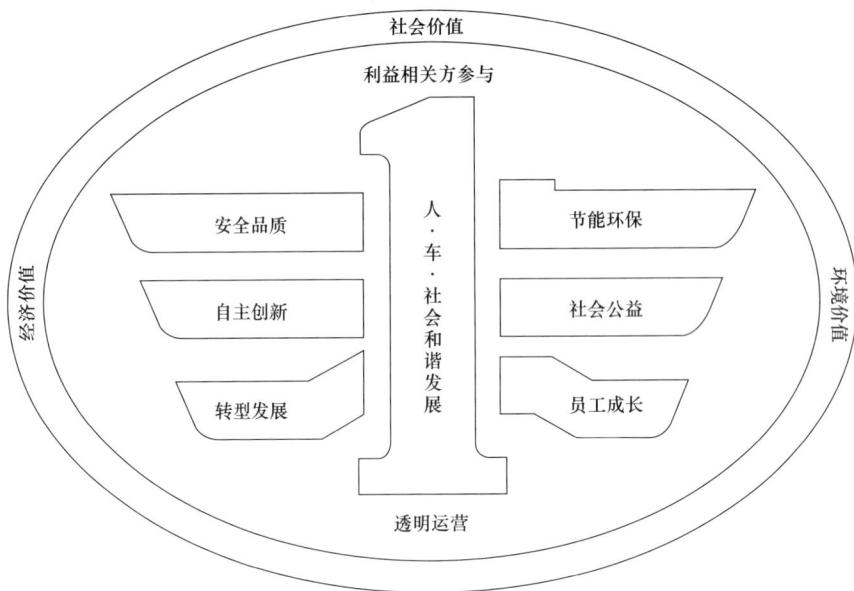

图 2－20　中国第一汽车集团公司社会责任模型

图 2－21　中国第一汽车集团公司议题识别流程

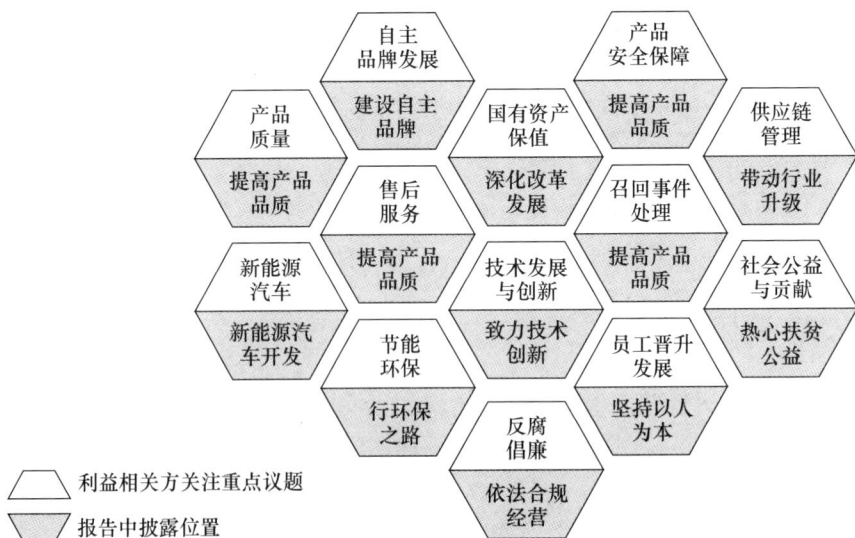

图 2－22　中国第一汽车集团公司责任重点议题及报告中披露位置

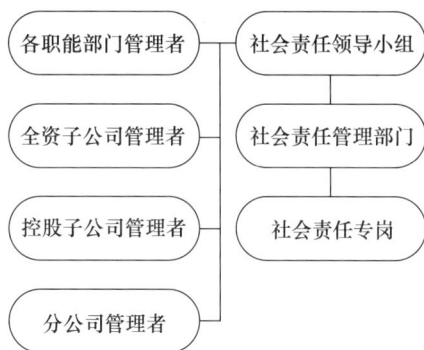

图 2 – 23 中国第一汽车集团公司社会责任管理组织体系

任管理规定》，促进社会责任管理融入日常运营。积极通过年报、社会责任报告、官网等渠道披露履责信息，一汽各单位开通了微博和微信公众号，加强与利益相关方的沟通。

（三）责任沟通

公司深刻认识到"利益相关方的期望影响着企业可持续发展的路径选择"，中国一汽重视各利益相关方对企业的期望，负责任地处理涉及各相关方利益的事项，采用更加积极主动的沟通方式，采取实际行动，促进实现中国一汽与各利益相关方的共同成长。

利益相关方	主要沟通议题	沟通与回应方式
 政府和监管机构	经营业绩 诚信经营 风险管理 产品质量与安全	工作汇报 公司调研 座谈会
 股东及债权人	经营业绩 诚信经营 重大投资项目及收益 可持续发展	股东大会 股东代表大会 财务报表 年度报告 定期报告

图 2 – 24 利益相关方沟通

利益相关方	主要沟通议题	沟通与回应方式
客户	满意产品与服务 产品质量与安全 科技创新 品牌发展 行车安全	客户座谈会 客户拜访 满意度调查 安全课堂
员工	权益保护 民主管理 职业成长 职业健康安全 工作与生活平衡	职工代表大会 员工座谈 员工投诉 员工家庭走访 满意度调查
合作伙伴和行业	诚信经营 合作共赢 绿色供应链 技术创新	参与行业协会 工作汇报 研讨交流 供应商年会 经销商年会
环境	环保产品 节能减排 减少负面环境影响 参与环境保护	新能源汽车研发 绿色生产体系 降低污染排放 组织并参与环保公益活动 践行绿色办公
公众	本地化管理 公益慈善事业 关怀特殊人群	制度管理 公益及志愿者活动 建设社区活动中心 组织及支持社区活动

图 2-24　利益相关方沟通（续）

　　作为中国汽车制造行业的重要成员，中国一汽重视自身对行业发展的推动作用，积极参与相关组织及社会责任相关活动，与同行业成员共同推进中国汽车行业健康可持续发展。

表 2 - 3　中国第一汽车集团公司社会组织参与列表

序号	社团组织名称	中国一汽角色
1	FISITA（国际汽车工程师学会联合会）	荣誉委员会成员
2	中国汽车工业协会	副会长
3	中国企业联合会（企业家协会）	副会长
4	中国集团公司促进会	轮值会长
5	中国工业经济联合会	主席团主席
6	中国汽车工程学会	副理事长
7	中国机械工业联合会	副会长
8	中国机械工业企业管理协会	副理事长
9	中国监察学会机械分会	常务理事
10	中国机械工业质量管理协会	副理事长
11	中国机械制造工艺协会	常务理事

五、构建责任模型，强化责任沟通①

——安徽江淮汽车股份有限公司

安徽江淮汽车以"为员工谋幸福，为社会做贡献"作为企业社会责任观，并以此为中心，构建江淮汽车社会责任管理模型，推动企业和客户、员工、合作伙伴、股东、社会、环境等各利益相关方保持良好责任沟通。公司设立社会责任管理委员会，开展责任绩效管理，宣传责任文化，全面提升企业员工社会责任意识。

---

① 见《安徽江淮汽车股份有限公司 2015 年社会责任报告》。

（一）责任战略

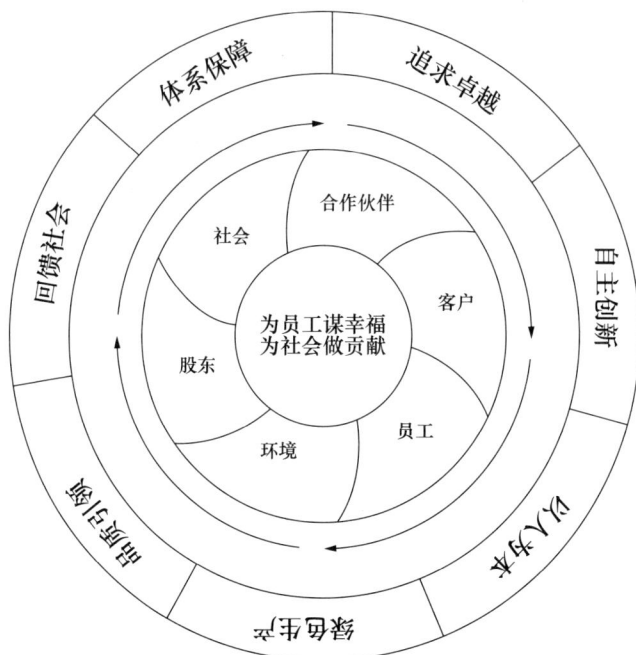

图 2-25　社会责任模型

表 2-4　责任战略

社会责任观	内涵理解	具体举措
为员工谋幸福	以员工为中心，不断追求员工的物质和精神幸福，在企业不断发展的同时，员工的利益及员工的幸福指数能够得到不断的提升和保障。"为员工谋幸福"是 JAC 每一任领导集体最朴素的追求和最神圣的使命	建立"以人为本"的人力资源开发和管理工作系统、激励机制、员工培训和教育系统，以发挥和调动员工的潜能，并通过"待遇留人、事业留人、感情留人"营造充分发挥员工能力的良好环境

社会责任观	内涵理解	具体举措
为社会做贡献	通过不断进步的产品和服务为环境的友好和社会的和谐做出贡献，以可持续的稳健发展为社会不断创造财富	诚信经营：加强合规管理，诚信经营，完善公司治理，加强内控体系建设 技术创新：以市场为导向，严格执行 NAM 流程，持续提升产品品质 服务市场：持续提升服务品质，关注客户体验，持续开展用户满意度调查；缺陷产品汽车召回 地方贡献：纳税稳定，增加就业机会 社会公益：积极开展志愿者活动，以弱势群体为重点扶助对象，引导全体员工热心公益事业 环境责任：加大新技术、新材料及新工艺的应用，坚持发展循环经济，实现绿色生产；倡导绿色办公，开展环保公益活动

（二）责任治理

安徽江淮汽车成立社会责任管理委员会，由总经理担任委员会主任，其主要职责是决定公司社会责任工作的管理方向和目标，审批公司社会责任工作总体推进方案，对重大事项进行决策。在公司品牌运营与公共关系部设立社会责任推进秘书处，负责协调社会责任整体工作，统一编制、发布社会责任报告。各事业单位设立社会责任工作推进委员会及秘书处组织实施，构建资源保障、过程指导、全面管控的业务机制，共同推进社会责任的履行和落实（如图 2－26 所示）。

安徽江淮汽车根据社会责任管理模式，建立了相应的社会责任管理制度，规范引导企业内部践行社会责任工作流程，同时也制定了相应的社会责任信息披露制度并在每年 6 月定期对外发布。

（三）责任绩效

公司将社会责任绩效管理看作对原有公司一体化管理的一种提炼，报告期内，公司完善绩效管理机制，并在借鉴以往业绩管理经验的基础上，通过对平衡记分卡管理工具方法的灵活运用，结合公司实际经营要求，组织各数据来源单位

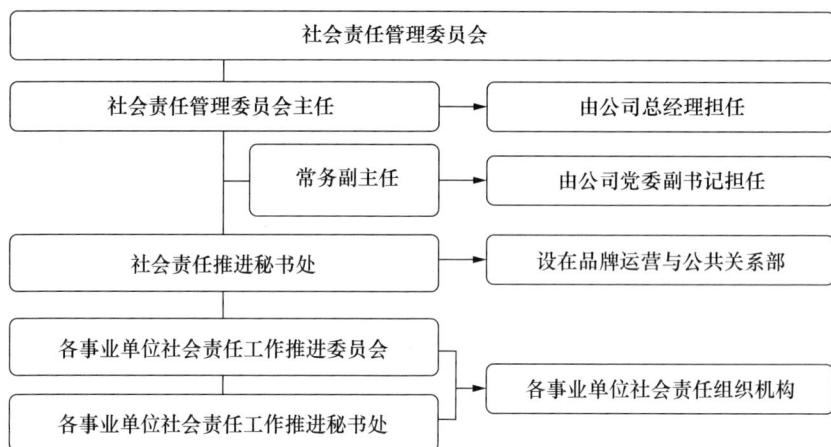

图 2-26　社会责任组织体系

共同探讨、拟订了各单位 2015 年一体化业绩管理方案，从指标设计、权重分配、管控模式上进行适度优化和创新。

安徽江淮汽车在坚持"月度动态管控、季度自评、年度走访稽核"管控模式的基础上，将各单位到期重点工作纳入月度重点工作计划中，通过月度走访验证、点对点现场检查方式，提升了管理效果。

（四）责任沟通

2015 年，安徽江淮汽车以"反馈、反思、共享"学习环为责任沟通途径，形成公司与利益相关方的良性互动，积极发挥企业社会资源优势，实现内外部有效的沟通与共享，并以责任绩效为准则，监督引导发挥企业履责最大效应，营造了和谐共赢的发展环境（如图 2-27 和图 2-28 所示）。

（五）文化能力

安徽江淮汽车积极参加中国工业经济联合会及安徽工业经济联合会召开的社会责任培训会议和活动，并根据企业自身发展特点，选择性导入国内外先进社会责任管理理念；同时以公司全员培训工作为平台，定期进行全员社会责任培训及活动，促进全员社会责任意识提升。

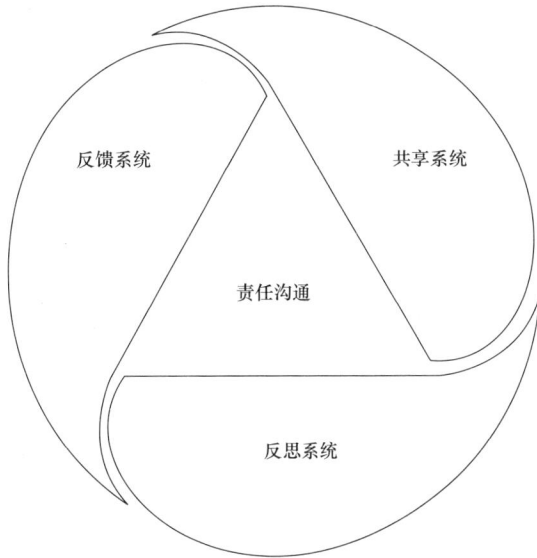

图 2－27　沟通途径

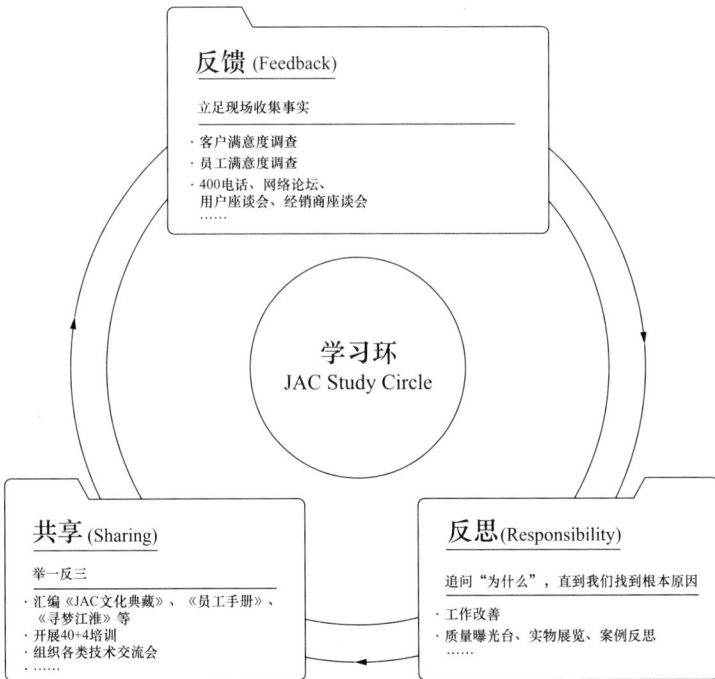

图 2－28　学习环

图 2 - 29　社会责任培训

第三章　产品责任

　　汽车产品的安全性能、产品质量关乎使用者的健康乃至生命安全，因此汽车的安全与质量是人们购买汽车的首要考虑因素，也是汽车行业履行社会责任、回应消费者期望的重点议题。

　　汽车的安全与质量分为三个维度：第一是汽车本身的质量与安全，即车辆的制造材料不会危害人的身体健康，比如车身油漆、内饰材料等本身是安全无害的；第二是汽车正常行驶过程中，不出现系统性的安全隐患，比如油门踏板或制动系统故障导致制动系统失灵、车辆燃油系统缺陷等；第三是为了保障行驶安全，在汽车上安装安全装置。此类装置分为两大类：一类是主动安全装置，就是在车辆有撞击危险之前可以起到防患于未然的系统，其目的是提高汽车行驶的稳定性，减少操控的偏差。如常见的防抱死制动系统（ABS），具有防滑、防锁死功能，能有效提高制动性能，防止甩尾、侧滑；电子制动力分配系统（EBD），能自动调节前、后轴的制动力分配比例，提高制动效能，在一定程度上可以缩短制动距离，并配合 ABS 提高制动稳定性；还有驱动防滑装置（ASR），可以避免车辆加速时驱动轮打滑，维持车辆行驶方向的稳定性。另一类是被动安全装置，被动安全装置是指在交通事故发生后能尽量减小人身损伤的系统，包括对乘客和行人的保护，例如安全带、车身钢架结构、安全气囊等发生事故后能有效减轻人身损伤的装置。

　　各企业在生产经营中都十分重视汽车产品的质量与安全，将产品责任作为企业的核心责任议题。本次研究梳理国内 100 家整车企业，中国第一汽车集团公司、东风本田汽车有限公司、广汽丰田汽车有限公司、浙江吉利控股集团、比亚迪股份有限公司 5 家车企均提出明确的品质战略，建立完善质量管理体系，积极开展汽车安全技术研发，在产品品质保障方面具有卓越的表现。

一、落实"三大工程"，推进"质量制胜"①

——中国第一汽车集团公司

中国一汽明确"质量制胜"的战略目标，夯实基础，推进质量体系建设。2015 年，公司在研发过程中重点实施可靠性正向开发、开发过程实物质量验收及质量体系规划工作；全面运行《新产品质量控制流程》，在整车新产品诞生过程关键节点建立 6 个转阶段质量门，明确转阶段质量评价项目和标准。严格按标准评价，消除质量风险，确保质量成熟，不达到质量标准不放行。

质量管理理念与战略目标

理念：质量是企业的生命，质量是品牌提升的根本，高质量才有高商品力。

目标：

·实现商品策划、研发、制造、售后、供应商的全过程质量控制。

·质量管理要形成自主的流程、标准和工具。

·质量管理要有全员意识、全员参与的责任文化。

表 3-1　中国第一汽车集团公司 2015 年质量管理体系认证情况

质量管理体系认证标准名称	通过分子公司数量	
ISO/TS16949 质量管理体系标准认证	6 个分子公司	12 个三级分子公司
ISO9001 质量管理体系标准认证	2 个分子公司	4 个三级分子公司

---

① 见《中国第一汽车集团公司 2015 年社会责任报告》。

图 3-1 中国第一汽车集团公司"十二五"质量体系建设概览

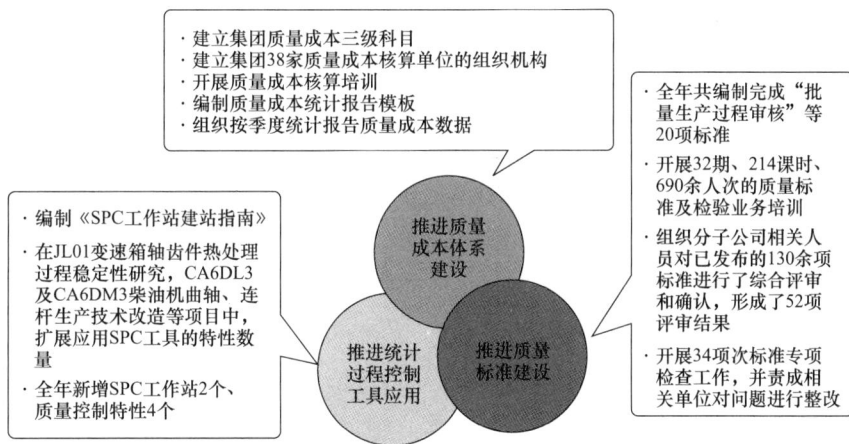

图 3-2 中国第一汽车集团公司 2015 年质量管理推进举措

· 搭建可靠性正向开发验证
体系，并在重点项目中实
施可靠性正向开发

· 在J7项目中成立可靠性正
向开发工作组，完成可靠
性目标分解、产品可靠性
定义、FMEA、可靠增长
试验等17项工作

· 加强对市场索赔问题的分
析，开展质量目标分解工
作

· 通过Q-Plan对项目开发
过程质量进行监控，最终
保证新产品可靠性的提升

完善研发
质量体系

可靠性
正向开发

质量
门过门

· 编制《集团整车评价细则》，
解决整车评价结果不可比、
判断问题有偏差、无法反映
产品质量真实水平的问题

· 完成《质量门过门管理办
法》的编写，并在R020
等项目中试运行

· 完成《质量改进项目管理办
法》及《分子公司质量问题
解决管理办法》的起草，保
障质量改进活动高效进行

· 完成《试制样车质量管理办
法》及《试制样车产品审核
管理办法》的修订，保证试
制样车质量满足设计要求及
后续的试验要求

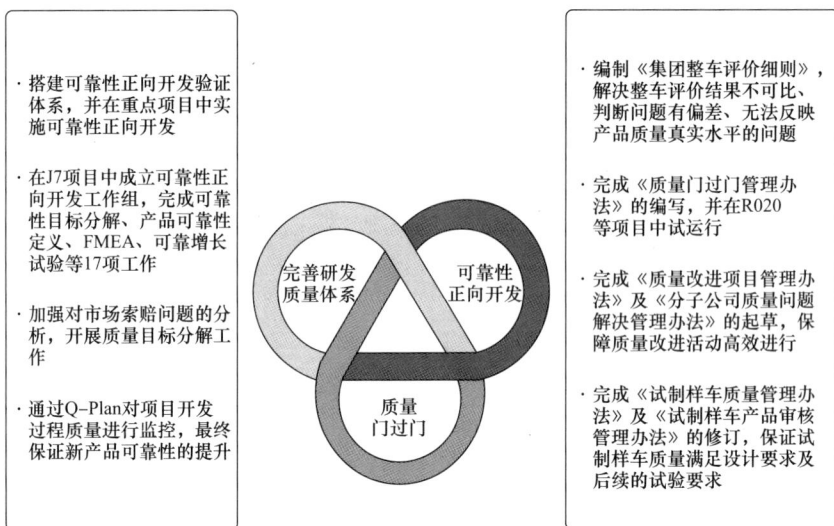

图 3 - 3　中国第一汽车集团公司 2015 年新产品质量体系建设进展

· 开展质量门过门及开发过程实物质量验收工作，开展试验问题讲评活动，
识别并重点跟踪试验过程中出现的性能及可靠性问题，保证新产品质量达标。

· 完成 R020、A 级车、JL01、4GB16 等 24 个集团重点管控项目 35 个质量门
过门工作。

· 开展 R020、10 米公路客车等项目感知质量评价活动，促进整车新产品商
品力的提升。

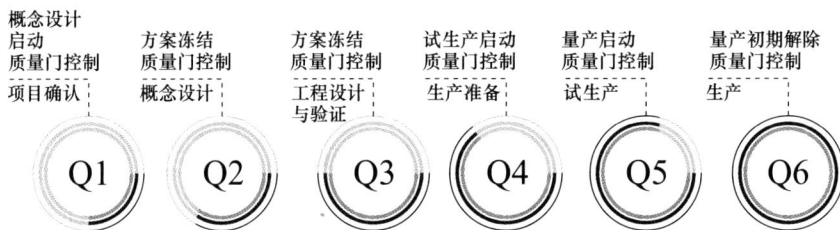

概念设计
启动
质量门控制

项目确认

方案冻结
质量门控制

概念设计

方案冻结
质量门控制

工程设计
与验证

试生产启动
质量门控制

生产准备

量产启动
质量门控制

试生产

量产初期解除
质量门控制

生产

Q1　Q2　Q3　Q4　Q5　Q6

图 3 - 4　整车新产品质量策划和控制流程

速腾后轴召回

自 2015 年 2 月 2 日起，一汽—大众汽车有限公司根据《缺陷汽车产品召回管理条例》的规定召回了 2011 年 8 月 20 日至 2014 年 5 月 22 日期间生产的部分速腾汽车，共计 563605 辆。截至 2016 年 3 月 6 日，共完成召回维修 507263 辆车，达到了向质检总局及缺陷产品管理中心备案的完成率 90% 的既定目标，并于 2016 年 3 月 8 日向国家质检总局提交了此次召回的总结报告。截至 2016 年 4 月 21 日，已召回问题车辆 509208 辆，完成率为 90.35%。

为消除用户疑虑和担忧，让用户更加安心地使用车辆，该公司还为本次召回所涉及的速腾车辆后轴部分提供十年质量保障。该项政策的实施，在体现企业对自身产品和技术信心的同时，也体现了企业对用户车辆认真负责的态度以及企业的责任感。

中国一汽加强新产品质量策划、生产质量监察和售后质量改进，产品研发质量和实物质量明显提高。2015 年，乘用车、商用车、动力总成平均千台车索赔频次与目标值相比分别下降 27.7%、15.3% 和 5.3%。在成本改善上，开展"降本增效、提质升级"活动，全年采购成本降低 62 亿元。

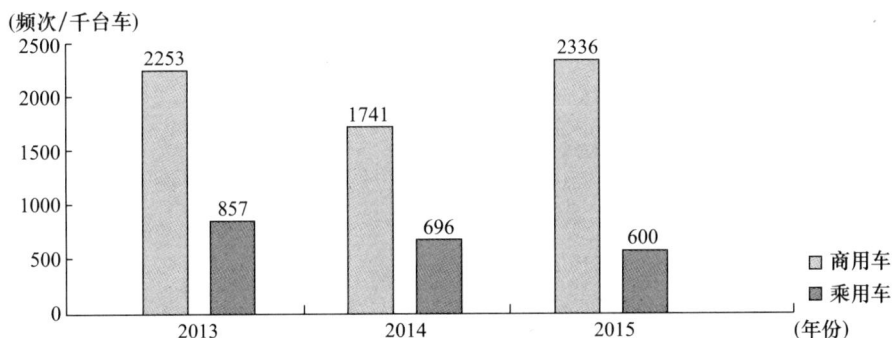

图 3-5 自主产品千车索赔频次

中国一汽围绕"商品力提升工程"、"可靠性提升工程"和"精细化提升工程"质量提升"三大工程"，加速推进质量改进项目及分子公司质量问题解决工作。围绕质量改进、成本改善、效率提升等课题，推动全员参与质量改善，组织开展 QC 小组、质量信得过班组等活动。营造人人关心质量、人人重视质量的文化氛围。

"十二五"期间，中国一汽 QC 小组、质量信得过班组等群众性质量管理活动蓬勃发展，员工参与率逐年提升。2015 年，共注册登记 QC 小组 6999 个，QC 课题 9066 个，实际完成 8224 个，有效地解决了质量、成本、效率等方面的诸多问题，累计创造效益 1 亿多元；活动范围从生产制造向设计开发、销售服务等领域延伸，员工参与率提高至 82%。

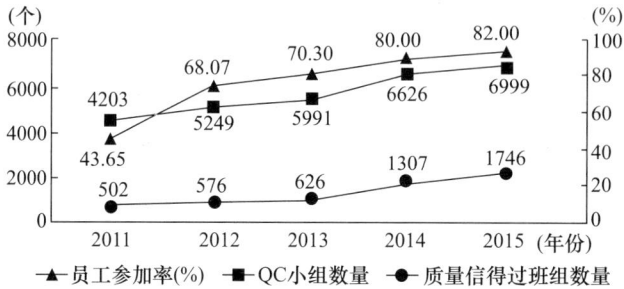

图 3-6 中国第一汽车集团公司 2015 年"十二五"期间质量改善活动开展情况

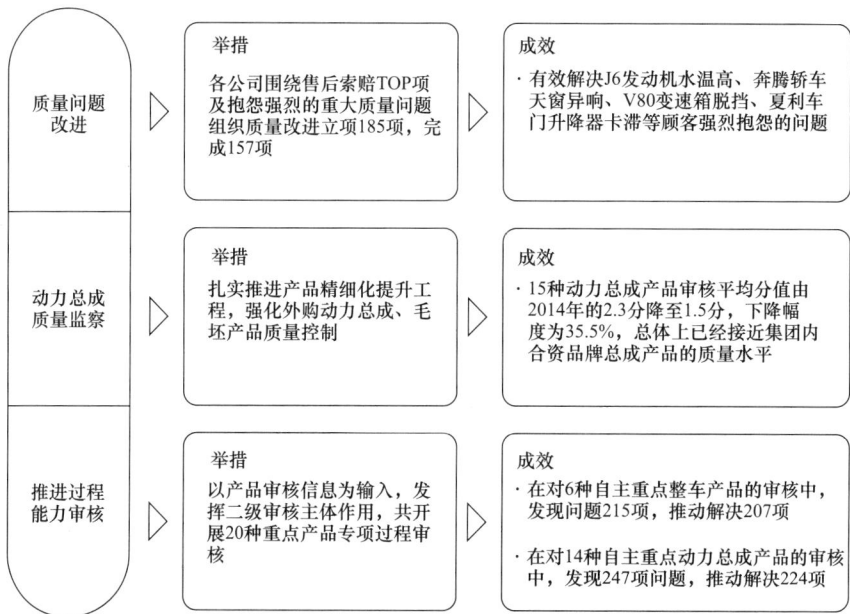

图 3-7 中国第一汽车集团公司 2015 年自主品牌产品质量改进工作进展

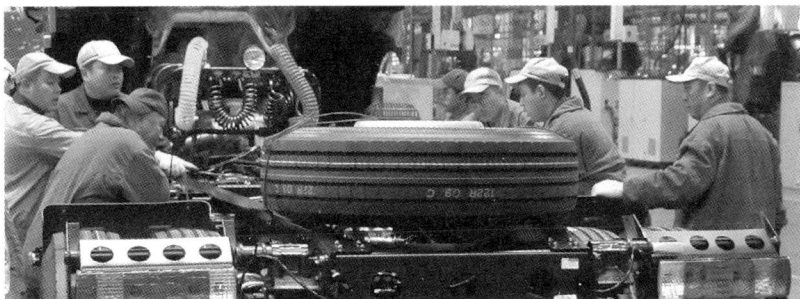

图 3 - 8　解放公司现地现物搞改善

二、重视质量安全，确保产品品质①

——东风本田汽车有限公司

东风本田将质量视为企业的生命线，将安全性视作汽车产品的灵魂。一直以来公司都将汽车的质量与安全作为最重要的社会责任议题，通过构建质量管理体系，全力为客户打造优质产品，着力安全技术研发，严格把控产品安全性能，确保产品品质。

构建质量管理体系：东风本田致力于向客户提供质量可靠、使用安全的汽车产品，建立了完善的产品质量管理体系。公司品质管理部作为质量管理组织机构，实施全领域、全流程的品质跟踪管控。根据 ISO9001 质量标准，在供应商、制造、市场等环节保证质量管理水平，以新品质管理、供应商质量管理作为产品质量管控的重点，不断提高整个体系的品质保障能力。东风本田于 2004 年 11 月通过 ISO9001：2000 认证，并于 2010 年 11 月通过 ISO9001：2008 认证。ISO9001质量体系多年来在公司有效运行，从采购、制造、市场等环节保证了质量管理水平。

打造优质产品："99％的合格可能被认为是优秀的合格率，倘若将其中 1％

---

① 见《东风本田汽车有限公司 2015 年社会责任报告》、企业官网。

的不良品交付给顾客，对客户而言就是 100% 的不良"。秉承着这种对质量认真负责的态度，东风本田各个环节严把质量关，确保将 100% 合格的车辆交付给顾客。2015 年，公司在制造品质方面通过优化公司检技体制、强化供应商 QD 体制，内/外品质保持稳定的水准；在市场品质方面，通过强化公司 SEDBQ 各领域协作，加快解决速度，实现了市场投诉快速应对，市场 0 天投诉和 1～90 天投诉相比 2014 年均削减 20%。

着力安全技术研发：东风本田始终将提高商品的安全性能作为产品研发和制造领域的重要课题。公司的在产车型大量采用了世界先进的主动安全技术和被动安全技术，全部符合国家相关汽车安全标准的要求，取得政府管理部门对产品安全性的认可。

主动安全：是指汽车本身防止或减少道路交通事故发生的性能。

表 3-2　车辆主动安全技术

车辆主动安全技术	ABS 制动防抱死系统	以电子控制方式抑制车轮抱死的系统。在湿滑或积雪等容易打滑的路面紧急制动时，此系统计算机可迅速、准确地使 ABS 系统发生作用，防止车轮抱死。根据路面情况适当地控制制动的同时稳定汽车的姿势，确保转向操纵时躲避危险的能力
	EBD 电子制动力分配系统	根据装载状态控制前后的制动力分配，EBD 技术是以电子方式控制从轻到重所有装载状态下的前后制动力分配，稳定制动器的灵敏度，特别是提高装载重物时制动的性能；用控制分配的方式提高制动性能，使随着载重而变化的制动力分配趋于理想状态，提高后轮的制动性能；EBD 的组织、传动装置和传感器仍使用以往的 ABS，主要以追加控制逻辑等改变 ECU 的方法来满足需要
	VSA 车辆稳定性控制系统	在各种条件下控制不可预测的动向，辅助驾驶员的操作。通过控制外侧前轮的制动力，使车辆产生充足的侧向力，纠正过度转向，使车辆保持稳健行驶；降低发动机的输出扭矩，同时控制内侧后轮动力，从而使前轮产生一个充足的侧向力，使车辆保持良好寻迹力

被动安全：是指交通事故发生后，汽车本身减轻人员伤害和货物损失的能力。

表 3 – 3 车辆被动安全技术

车辆被动安全技术	G – CON 安全车身设计	采用由 G – CON 安全设计概念延伸的车身设计，在发生不可避免的碰撞时，可迅速分散撞击力，最大限度地保证车厢内的完整性
	i – SRS 安全气囊系统	i – SRS 安全气囊系统是世界首创智能型系统，给您带来 360 度的贴心守护
	预紧式安全带	当发生正面碰撞时，预紧式安全带能在瞬间收紧，使乘客能牢固地坐在座位上，从而进一步提高安全带的功效。采用预紧装置，不仅达到使用简单、舒适的效果，更能进一步提高保护效果

此外，为了保证产品安全和客户安全，东风本田始终严格遵守产品召回相关法规要求，对显现或潜在的市场重要品质问题认真开展调查，及早制定对策，主动实施召回。

2015 年 5 月 23 日，公司根据《缺陷汽车产品召回管理条例》的要求，向国家质检总局备案了召回计划，决定自 2015 年 7 月 13 日起，召回 2004 年 2 月 13 日至 2007 年 2 月 28 日期间生产的思威（CR-V）牌多用途乘用车，共计 67141 辆。在实施召回的过程中，由于召回对象车辆年款较老，邀约客户的成功率较低，东风本田通过售后服务热线对召回范围内的客户进行邀约，提高召回检查的实施率。

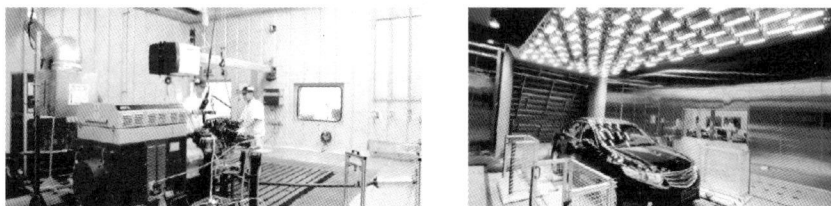

图 3 – 9 召回汽车检查

三、精益化生产模式，铸造良好品质文化①

——广汽丰田汽车有限公司

广汽丰田自建立以来全方位导入丰田精益化生产模式，通过现代化和持续改进，有效避免缺陷产品的流出。在精益化生产模式下，公司引入"品质自工序完结"、"安东系统"等生产品质保障体系，使每个工位都做到"不让不良品流向下一道工序"，广汽丰田内部形成了良好的品质文化。

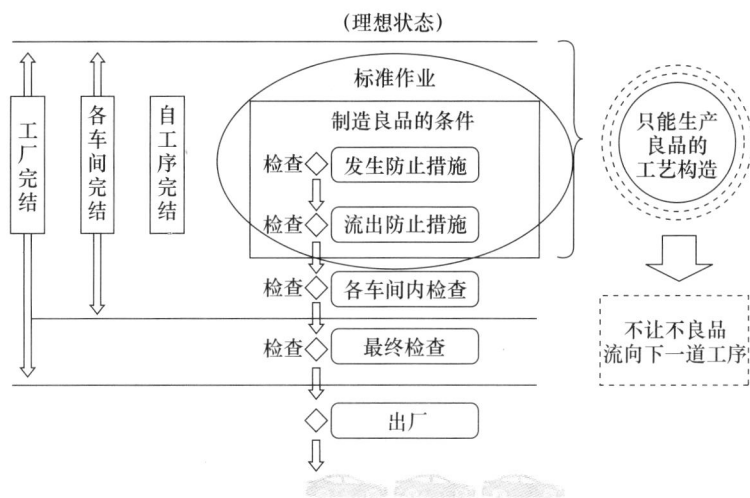

图 3-10　品质保障体系

品质方针：为赢得更多顾客的信赖，获得年轻消费者的青睐，提供超越顾客期待的产品和服务，满足其个性化需求，让其感受到被视作"ONLY ONE"。

品保体系：公司建立了覆盖全价值链品保体系，设定了更加严格的品保目标，确保 2020 年前顾客满意度维持在全国 TOP3，产品品质达到全国 TOP1 水平。

---

① 见《广汽丰田汽车有限公司 2015 年社会责任报告》。

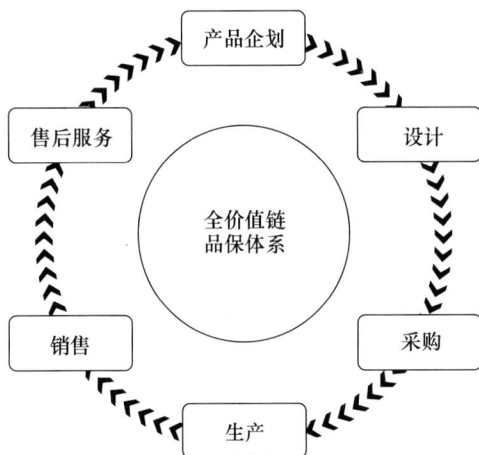

图 3 - 11　全价值链品保体系

品质监察：广汽丰田切实贯彻"顾客第一"的宗旨，实施产品企划、设计、生产准备、采购生产、检查、物流、销售、售后全过程的品质监察，借助每个环节的自工序完结，确保产品品质。公司创新品质管理方式，将顾客需求融入产品设计和工厂品质管理改善活动中。在丰田高品质监察标准基础上，广汽丰田制定了更为严格的"自主监察"制度，以独立于工厂以外的态度，站在顾客的角度评价车辆，提出改善建议并督促整车水平的提高。

产品开发：广汽丰田导入全球领先的 TNGA 平台，可根据顾客喜好对车身进行差异化开发，满足顾客个性化需求，降低研发成本，提升产品开发效率20% ~ 30%。2020 年前，公司将完成全车系的 TNGA 架构切换。2015 年，广汽丰田提升研发基础能力，扩建了试制车间和实验室，新建临时造型室，新研发大楼也将于 2017 年投入使用。公司首次接受丰田中国二次委托，承担致炫三厢和雷凌改款的部分设计开发工作。

产品安全：广汽丰田致力于在每一个细节之处都极力保护驾乘人员的安全，每年进行 1600 次新车碰撞测试，并把碰撞结果反映到车体结构改善中。在主动安全方面，公司导入周围监控系统和车辆动态控制系统，帮助驾驶者识别危险情况，避免危险发生。在被动安全方面，导入丰田 GOA 车身设计，通过高效吸能的车身结构和高强度的座舱设计，减少驾乘人员在碰撞中受到的伤害。

质量检测：广汽丰田制定了全面的车辆监察体制，所有成品车辆须接受上千项检测，从车辆灯光照射的亮度和位置调试，到车辆急加速至 120 千米/时的行驶稳定性检测，以及车辆在高压喷水室长时间喷水检查密封性等，只有全部检测通过，车辆才能进入市场。

四、打造卓越品质，落实"安全第一"①

——浙江吉利控股集团

浙江吉利高度重视打造产品的卓越品质，通过建立全方位的质量管理体系，加强质量管控，提升产品感知质量和市场质量，从消费者的需求和期望出发，使质量的提升准确契合消费者的痛点。此外，浙江吉利将"造最安全的汽车"作为集团的追求目标，提出"安全第一"战略，通过全方位、全过程的安全管理和安全试验保障该战略的实现。

质量管理体系：吉利集团的质量管理体系自 1998 年开始建立以来，不断地与时俱进、创新提升。公司始终坚持贯彻"时刻对品牌负责，永远让顾客满意"的质量方针，建立并运行以过程管控为基础的全方位质量管理体系，即新品、零部件、制造过程、检验试验、售后、质量改进六位一体，并通过全流程质量网络评价体系来实现全方位的质量管控和评价。积极营造自下而上主动参与管理的氛围，促进横向沟通，并建立相应的激励机制。

图 3-12　吉利集团质量管理体系

① 见《浙江吉利控股集团 2015 年社会责任报告》。

质量管控优化：质量管控流程涉及集团的多个部门和岗位，集团高度重视基层与中层的创新活力，浙江吉利汽车鼓励每一位员工树立"质量问题，匹夫有责"的意识，全员参与质量管理活动，全方位把控产品质量细节，制造出一流的产品。

新品质量管控方面，浙江吉利2015年通过质量阀管控形式完成了各类全新和改款整车及动力总成新品项目质量评审；对存在质量风险的项目通过预防机制进行预警，及早发现和纠正；同时通过量产初期质量遏制工作的展开，在供应商零部件生产早期遏制、初期质量检验强化和市场问题快速响应解决方面展开质量管控，有效地推进新产品项目质量的稳定和不断提升，满足顾客的期望。零部件质量管控方面，浙江吉利2015年对超1500PPM零部件开展重点管理和改善提升，通过分析和质量提升要求积极推动二轨开发项目供应商几十家；同时通过供应商受限、优化等管理手段，超1500PPM零部件下降率达84%；制造过程质量管控方面，截至11月30日，浙江吉利整车单台不良率由年初1.09%下降到0.9%，下降率达17.4%。

持续深化感知质量：汽车感知质量是客户通过"看、听、摸、闻"等感知手段对汽车产品品质及特性的体验，在客户心中形成的对汽车产品的印象是否满足客户的需求和期望。2015年作为吉利集团的"感知质量深化年"，公司在确保产品安全、可靠及可持续改善的基础上，深化产品感知魅力提升，从研发、采购、制造、销售服务各系统落实十大关键举措以及十大感知课题，力求使客户感知到吉利汽车的精致感、舒适感和科技感。2015年，吉利集团在车内空气感知质量、操作感知质量、动力性经济性感知质量等方面实现了明显的提升。

提升市场质量：吉利集团通过强化产品安全、召回等重大质量问题快速处理与预防管控，安全、召回风险信息24小时监控，批量风险问题限期14日内处置机制，强化市场质量监控分析、生产过程问题改进及供应商质量保证推进等措施快速提升市场质量。

集团的《缺陷汽车产品召回管理条例》规定："生产者获知汽车产品可能存在缺陷的，应当立即组织调查分析，并如实向国务院产品质量监督部门报告调查分析结果。生产者确认汽车产品存在缺陷的，应当立即停止生产、销售、出口缺陷汽车产品，并实施召回。"

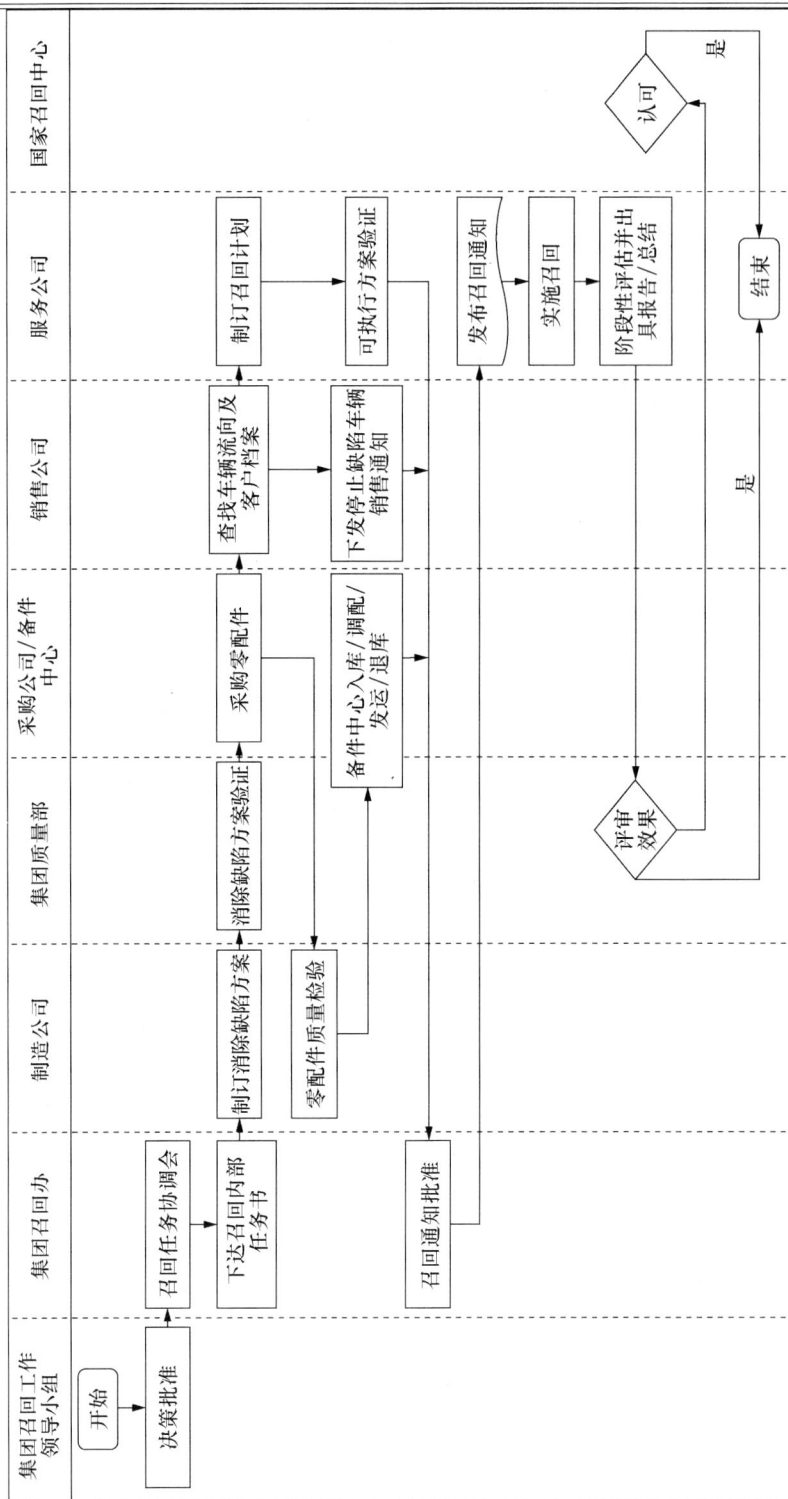

图 3 - 13 吉利集团主动召回流程

全方位安全管理： 吉利集团的汽车安全管理体系简称为 GTSM，借鉴国际知名汽车厂商的先进经验并结合自身的特点建立。从高标准的车辆初期策划、产品定义，到车型开发、性能验证，到严格的生产控制环节，再到积极的安全教育以及优良的销售及售后环节，在汽车的全生命周期内都进行了全方位综合的安全管理，真正体现出吉利集团"安全第一"的宗旨。

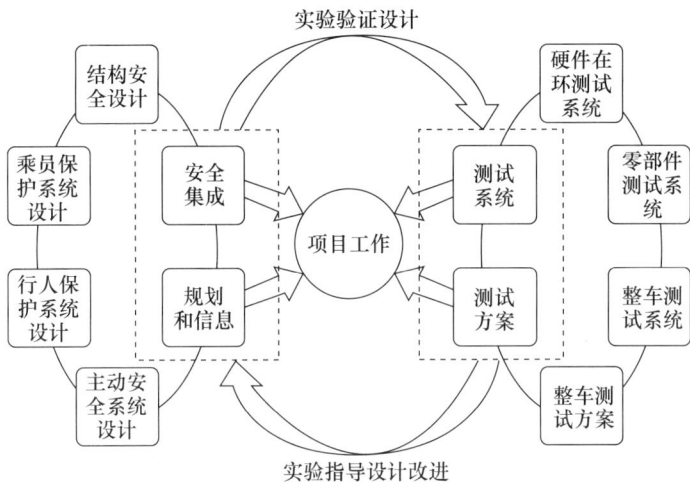

图 3 – 14　吉利集团安全性能研发体系示意图

安全试验及测试能力： 浙江吉利认为安全并非纸上谈兵，需要进行反复多次的试验和测试来加以验证和优化。吉利集团建立了主被动安全为一体的全方位安全试验验证平台，包括整车碰撞实验室、模拟碰撞实验室、行人保护实验室、安全部件实验室、车身结构实验室以及主动安全实验室等多个分系统实验室，模拟驾驶及主动安全实验室也已经投入使用。实验室还拥有 CNAS 认证，以及欧美汽车出口认证资质，也是浙江省唯一的汽车安全技术重点实验室，极大地推进了国内自主品牌安全技术的提升速度。吉利集团如今每开发一款新车型，需要按照10 多种整车碰撞工况，做 30 余次整车被动安全性能验证试验，整个产品生命周期内总共约做 60 多次验证试验。

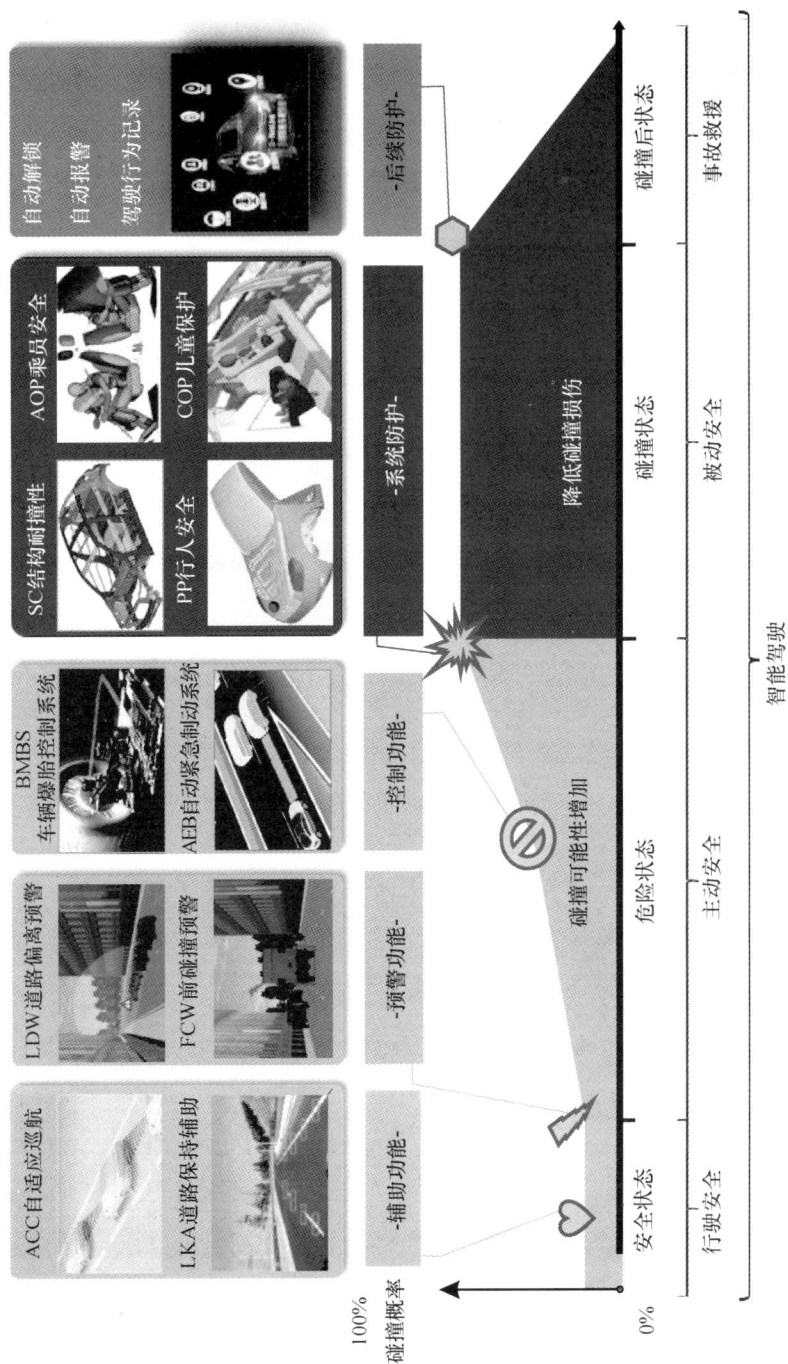

图 3 - 15 吉利全方位汽车安全技术体系

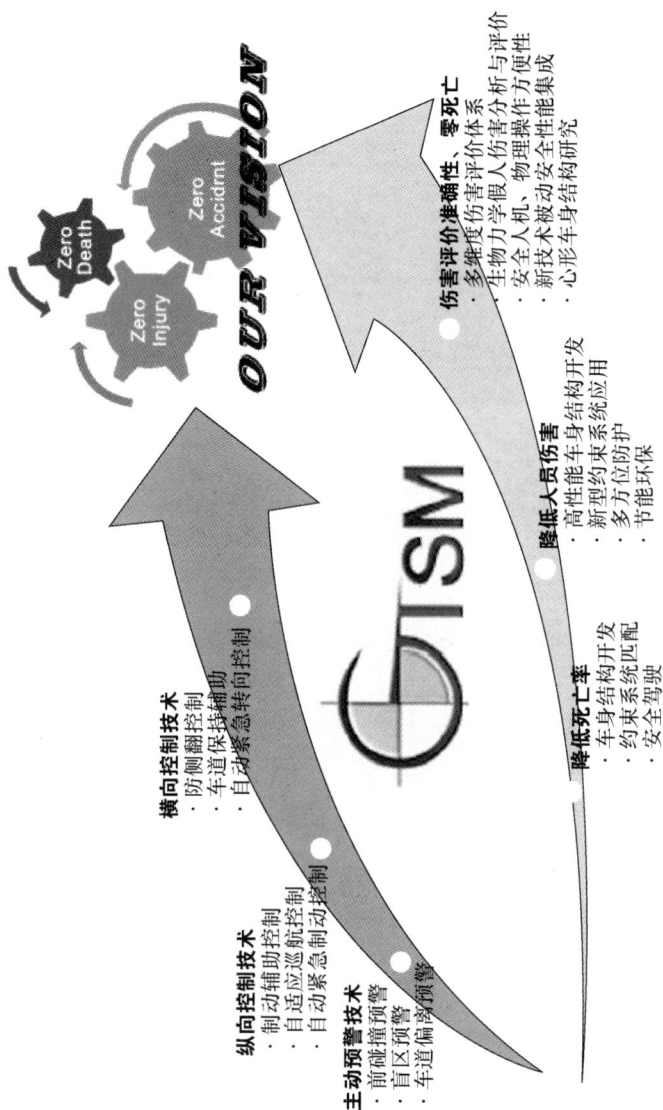

图 3 - 16 吉利的安全技术研发愿景：零死亡，零伤害，直至零事故

图3-17 汽车碰撞测试场景

五、追求"零缺陷"，打造多层次品质文化①

——比亚迪股份有限公司

品质文化是比亚迪企业文化的重要组成部分。公司推行"造物先造人"的品质文化，即人的品质决定产品的品质。作为一家大型制造型企业，比亚迪将产品视为立足之基，品质视为产品的灵魂。保证工作品质、产品品质、服务品质是比亚迪人的不懈追求。经过20余年的发展和探索，比亚迪对品质及品质文化也已有了更加深刻的理解和领悟，公司按照不同的表现形式，将品质文化划分为四个层次。

（一）品质保证

比亚迪建立了以"比、帮、赶、超"为驱动力的质量管理体系星级评价模型，从体系、制程、产品、5S四个维度评价工厂的质量管理体系，评价结果按照一星级、二星级、三星级（合格水平）、四星级（优良级水平）、五星级（标杆级水平）逐步提升，星级评定的结果纳入各工厂质量考核，并与厂长的绩效以及职务升降等挂钩，使工厂质量体系建设得到了很好的推动和保持，为推进产品实物质量提升保驾护航。

与此同时，比亚迪策划和实施了分层过程审核，增强自检意识和品质意识，提升自我管理机制和产品质量，降低品质管理成本。

---

① 见《比亚迪股份有限公司2015年社会责任报告》。

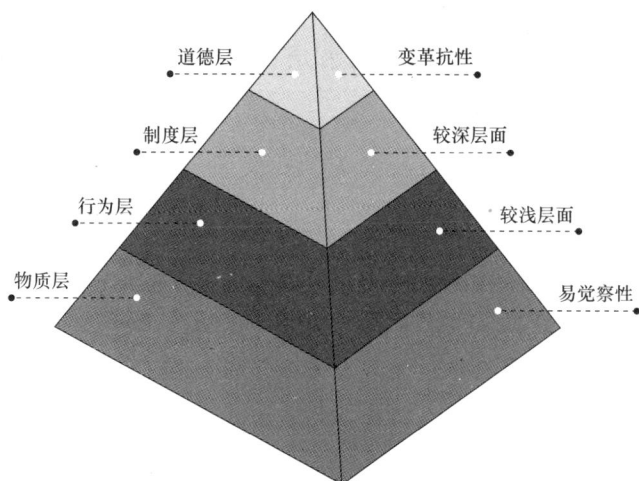

图 3 - 18　品质文化的四个层次

图 3 - 19　质量管理体系评价结果

（二）以 IQS 为核心的质量目标考核管理体系

IQS 是比亚迪借用了 J. D. Power 整车品质评价的其中一个术语，是一套以 IQS（Initial Quality Survey）新车质量调查为主，WDI、PDI 和 VDS 为辅，以降低产品故障和提升产品品质为目标的评价方法。

比亚迪以"顾客百分之百的满意"为质量方针，建立了以 IQS 评价为主的质量目标管理体系。比亚迪以质量目标管理 IQS 为手段，按车型确定年度目标并进行目标分解。为达成 IQS 目标，比亚迪制定了详细的品质战略策划书，以责任状、技术改进、工艺推进、试验保障、质量体系评比等作为整个品质目标实现的保障措施，并通过 IQS 预测及实际达成数据的统计和分析为产品质量改进和提升提供决策依据。IQS 考核占品质管理考核的 60%，且与工厂绩效挂钩。

（三）精细化项目提升

比亚迪结合公司现状、标准和产品情况，专门成立了精细化项目团队，对目前各车型内外饰、配置、做工和用料等方面进行精细化管理，并逐步建立了新车型精细化标准；同时将其纳入新车型晋阶条件，提高车型质量和档次。

通过精细化项目，公司各车型的外观缝隙、内饰配合缝隙、密封条外观、座椅缝线等问题得以迅速解决，整车的质量得到大幅提升。例如，安全带拉出力、风口操作力、倒车影像响应时间、漆膜厚度、倒车影像报警分区显示等问题得到改善，大大提升了顾客在用车过程中的满意度。

（四）新产品试制质量能力评价及 PPAP 考核激励

对于新上市产品质量，比亚迪从试制到批量生产设立了严格的质量门槛，并通过新产品试制质量能力评价，引导工厂关注新产品良率和节拍，为整车批量生产做好了准备，确保零部件顺利通过 PPAP 批准。

同时，比亚迪在新产品试制质量能力评价的基础上，通过 PPAP 考核来激励和规范各车型量产后 PPAP 通过情况，对于按规定完成 PPAP 有效批准的零部件及工厂，给予适当奖励；对于超过规定期限的零部件，则每月对工厂厂长实施绩效处罚直至 PPAP 完全批准为止。如此以确保乘用车的整车及零部件生产所需要的原材料、零部件，满足产品设计文件以及批量生产条件的要求；同时，强化工厂对产品工程品质基础的管理，持续推进零部件品质稳定可靠。

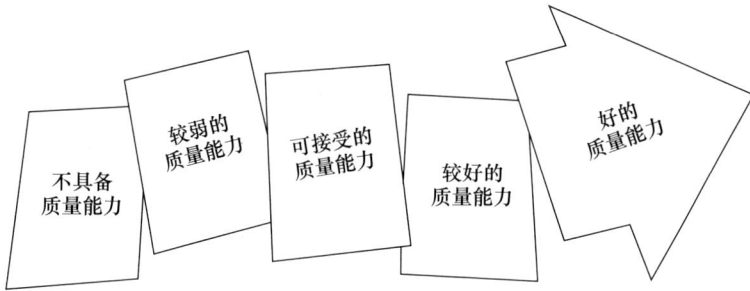

图 3-20　质量能力评价

第四章　客户责任

客户作为汽车行业最重要的利益相关方，购买的是汽车这样的涉及人身安全的大宗消费品，其对企业所提供的售后服务必然相当重视，且有较高的要求。对于多数汽车制造厂商而言，客户服务的这个功能已经下移到产业链的下游，主要由经销商负责。但是如何建立一个让客户满意的客户服务体系，对所有的汽车制造企业来说，都是其履责的重点。

客户对售后服务的特点已经不仅仅限于送货到家、提供维修等，而已经添加了为客户提供知识性指导、产品咨询服务、投诉处理服务、回访及跟踪服务等内容。虽然售后服务由经销商承担，但是作为汽车制造商，统筹整个服务体系的建设，保证服务的标准化、程序化，也是责任所在。

客户作为汽车企业最为重要的利益相关方之一，得到企业特别的重视。本次研究梳理国内100家整车汽车的客户服务做法，尤其是丰田汽车（中国）、东风本田汽车有限公司、上汽大众汽车有限公司、北汽福田汽车股份有限公司以及奇瑞汽车股份有限公司5家企业，提出明确的服务理念，打造优质服务品牌，积极开展与客户的沟通交流，将客户的权益摆在优先位置，在客户服务议题上表现卓越。

一、提供超越客户期待的服务[①]

——丰田汽车（中国）

丰田中国秉持"顾客第一"的理念，公司各事业体致力于为顾客提供超越

---

① 见《丰田汽车（中国）2015～2016年社会责任报告》。

期待的服务，通过建立顾客服务中心、顾客应对系统等，倾听客户心声，努力满足顾客多样化的需求。

（一）提供超越期待的服务

G－BOOK 车载智能通信系统：2009 年，丰田在中国市场率先投入了车载智能通信服务 G－BOOK 服务，将前沿的互联网技术与产品完美结合，通过 Telematics 系统，使经销店、总经销商、汽车厂商共同协力，为车主提供安心、安全、舒适便利的汽车生活服务。在丰田不断的努力下，G－BOOK 服务一直保持业界的典范地位。截至 2015 年底，G－BOOK 提供了包括以紧急救援、防盗追踪为代表的安全类服务，及以话务员服务、交通信息等为代表的便利类服务在内的 14 项服务内容。特别是以代表丰田服务品质为特色的话务员服务、远程服务及图形交通信息服务等推出后，更加有效地展示了丰田在 Telematics 领域的先进性，也深受广大车主的好评（如图 4－2 所示）。

图 4－1　G－BOOK 服务

随着导入车型的增多，截至 2015 年底 G－BOOK 的累积用户数突破了 12 万人，同时呼叫中心月平均的服务件数达到了 25 万件。G－BOOK 服务得到了广大用户的认可，公司也通过持续的改善，不断丰富服务的内容，提高服务的品质。

e－CRB 服务系统：经销店的优质服务是企业最好的名片。为了向顾客提供超越期待的服务，丰田中国自 2005 年引入 e－CRB 经销店操作系统，向所有顾客提供愉悦的购车体验、信息化的顾客交流、高品质的售后服务等服务内容。

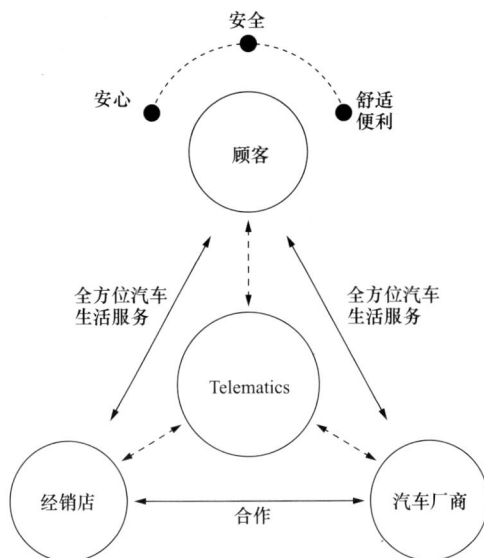

图 4 - 2 Telematics 系统

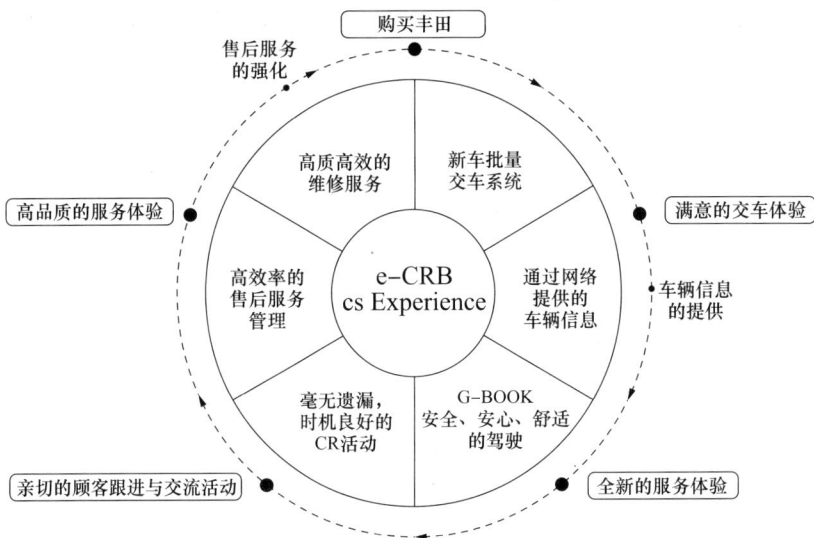

图 4 - 3 e - CRB 的 Car Life 循环

（二）满足多样化需求

丰田建立了全球化的研发体制，在世界各地积极开展各种研究开发工作。每天，综合品质信息系统会收集全球各地的品质及安全信息，汇总至开发部门，经由相关流程处理后迅速而准确地反映到产品设计中。

在产品设计中，丰田致力于实现"为每个人提供移动的自由"，不断丰富产品及服务内容，让包括年轻人、家庭、老年人在内的所有社会人士都能享受到汽车所带来的便利性。特别是在满足老年人及行动不便人士的行动自由方面，丰田坚持"以人为本"的理念，积极推进福祉车的研发与推广。

在福祉车领域，丰田凭借丰富多样的车型、方便且安全的内部构造和人性化的配置，为使用者提供舒适便捷的出行体验。丰田开发了适合医院及养老机构使用的轮椅适用型福祉车，轮椅可以直接驶入车内；同时为了方便行动不便人士的家庭，还开发了侧方电动座椅福祉车和副驾驶旋转座椅福祉车等车型，用于全家出行，最大程度满足广大消费者的不同需求。

（三）倾听顾客心声

顾客服务中心：丰田中国珍视顾客的反馈，并一直开展与顾客的有效交流，力求提供更加优质的服务及产品。为此，丰田中国正式成立了顾客服务中心。从2007 年 11 月起，顾客服务中心开始实施 24 小时 365 天顾客对应的体制。

顾客对应系统：为了进一步提高对应水平，提供高品质的回答内容，最大限度地发挥顾客心声的作用，公司开发导入了新顾客对应系统。同时，公司也在积极地构筑包括经销店在内的第二代综合顾客对应体制。

顾客心声反馈活动：丰田中国定期将致电顾客服务中心的顾客心声通过日报、月报以及季度、年度报告会等形式向相关事业体、部门进行反馈。顾客的建议可通过此渠道传达给车型总设计师、各个生产工厂。从 2012 年起，丰田中国为了更好地推进车辆品质改善活动，开展了生产工厂"品质月"顾客心声介绍活动。该活动通过再现顾客的真实声音，从顾客角度向工厂的员工以及现场管理人员强调了车辆品质的重要性。

与经销商共同实践顾客第一：在中国，一汽丰田经销店、广汽丰田经销店、雷克萨斯经销店为了满足顾客多样化的需求，同心协力，以"丰田价值"为基础，通过共享产品、服务以及坚定的信赖关系相互联系在一起，努力为顾客提供最好的购车、用车体验。

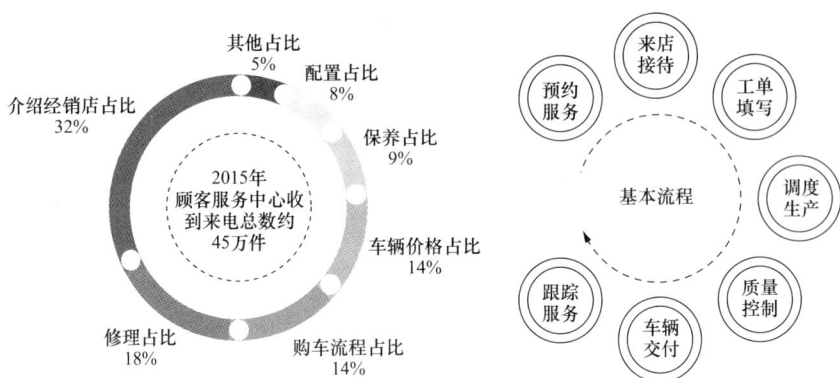

图 4 - 4　顾客服务流程与客服中心来电分析

二、心的服务，心的满意①

——东风本田汽车有限公司

东风本田高度重视客户服务工作，以"心的服务，心的满意"为服务理念，从销售到售后的各个环节竭力打造令客户满意的服务体验。

东风本田建立了"实质的信赖"售后服务专属品牌，并在售后服务体系中实现了客户整个咨询/投诉/建议的流程 100% 闭环管理，时间节点由系统实时监控，任务派单短信通知，通过建立较好的客户沟通机制，力求在第一时间内有效应对客户投诉。公司建立了完善的客户信息安全保密管理制度，明确客户信息保护责任人和职责，通过设置专人管理客户信息、客户信息提取使用均遵照《客户数据库管理标准》等措施确保客户信息的安全。

---

① 见《东风本田汽车有限公司 2015 年社会责任报告》、企业官网。

志 | **积极有志，增强服务活动**
| 保持积极上进的志向，能为追求更高的服务水准、职位及收入而努力工作，给顾客留下阳光而有朝气的良好形象

态 | **仪态大方，尽展服务风范**
| 着装正统整洁，仪态谦和大方，让顾客体会到宾至如归的尊崇感

恳 | **真挚诚恳，保持服务热情**
| 服务言语务实中肯，保持恰如其分的亲和力，让顾客感觉亲切与信赖

慧 | **反应敏捷，提升服务效益**
| 对顾客的咨询，能够快速给予正确合理的解答，办事利落迅捷，服务高效

思 | **换位思想，更新服务理念**
| 从顾客的世界出发，为顾客着想，而不一味地推销高配置、高价格的商品

图 4 - 5　服务理念

2015 年，东风本田为进一步提升客户服务质量，开展了包括"四季服务活动"、"航地图免费升级"、"用品促销"、"免费延长保修"等在内的一系列贴心服务行动，并延续过去 3 年来的传统举办了 2 次"信赖使者"回厂活动，一如既往地受到了广大车主朋友的热烈好评。东风本田的"信赖使者"队伍也进一步壮大。

东风本田为进一步提升客户服务水平、丰富与客户沟通互动平台，2015 年正式推出了东风本田客户专属的售后服务 APP，及时为客户提供爱车保养知识、最新优惠活动、用品介绍及路况导航等丰富的信息服务，客户的投诉或建议也能更快得到回应和解决，在移动互联时代让广大东风 Honda 车主享受客户端 APP 带来的"指尖上的便利"。

图 4-6　东风本田售后服务 APP

三、源于用户需求，为了用户满意^①

——上汽大众汽车有限公司

上汽大众始终秉持"一切源于用户需求，一切为了用户满意"的指导思想，通过不断洞察客户需求，准确分析客户满意度的影响因素，制定标准化和个性化服务流程，提高客户满意度。公司基于对客户全生命周期的研究和分析，设计和创新客户关系管理系统。在售前咨询、销售、售后服务各个过程中与客户建立起多渠道的关系，以更好地满足客户需求，提升客户满意度和忠诚度，最终实现对客户的持续价值贡献。

应对客户投诉：上汽大众在"客户生命周期管理"理念的指引下，建立了完善的客户投诉处理系统，确保在第一时间回应客户诉求，同时对客户投诉信息进行收集、整理，分析投诉增长趋势、投诉车型比例、投诉问题类型、质量故障问题排名等，不断改进公司的产品和服务。上汽大众根据多方反馈得知客户普遍

---

① 见《上汽大众汽车有限公司 2015 年社会责任报告》。

维修站利用和用户联系、直至完成

工单分配至维修站，同时短信/电话通知

维修站

维修站在系统中记录每次沟通情况直至完成

分销中心利用用户联系处理直至完成

工单分配至分销中心现场代表同时短信通知

分销中心

分销中心在系统中记录每次沟通情况直至完成

后台工程师利用和用户联系直至完成

工单，分配至后台工程师，同时短信通知

工程师

后台工程师在系统中记录每次沟通的情况，直至完成

400-820-1111

第一次投诉

第二次投诉

第三次投诉

客服中心对用户进行满意度回访

致电/来信/传真/电邮

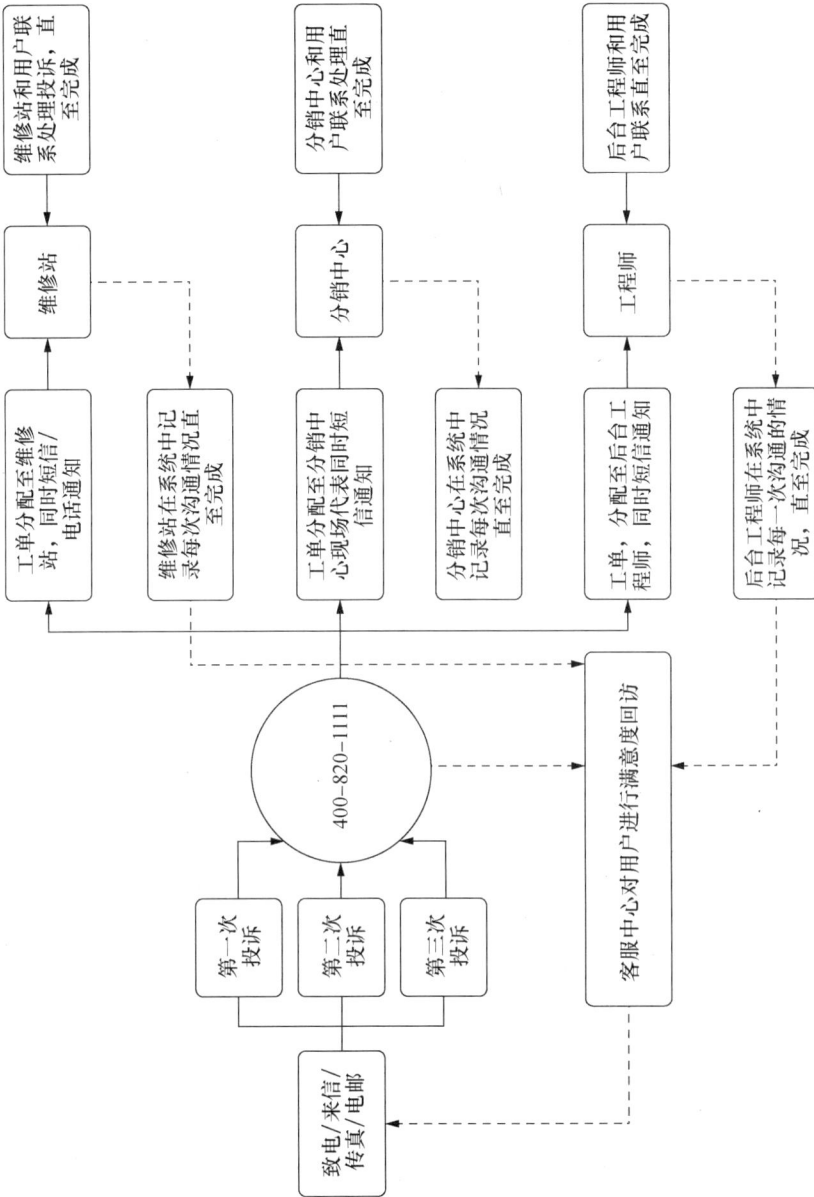

图 4-7 上汽大众用户投诉处理系统和流程

反映各车型存在制动较软的情况，该项用户满意度排名较低。为了解决制动软的问题，提高用户满意度，公司从系统角度分析入手，对零部件的关键性能指标加以监控，对重要的生产参数加以控制，明确造成制动软的各项影响因素，制定了科学的主观评价和客观测量方法，形成了一整套解决制动软的流程和实施方案，并在所有生产厂区和产品上实施，获得了很好的效果，2015 年的 QAS 测评报告中该项问题已经没有再出现。同时，上汽大众加强服务培训和流程监督，并通过一系列的考核机制确保服务流程的贯彻执行，不断提升服务质量，为客户提供更高标准的卓越服务。

主动挖掘客户需求：2014 年 12 月，上汽大众和百度建立战略合作伙伴关系，此次合作旨在充分发掘和利用双方在各自领域的优势资源，探索汽车行业大数据研究的创新和实践。2015 年，双方携手创建"消费者数字倾听体系"，通过亿万级搜索与社交大数据的分析，更客观地了解到客户需求。基于大数据研究成果，上汽大众就"凌渡"、"晶锐"、"朗逸"等车型开展了定向上市营销活动，获得了大众的认可。

客户知识普及："斯柯达学苑"是由上汽大众斯柯达品牌策划组织的爱车课堂活动。该活动通过丰富实用的爱车讲解课程，为车主讲解车辆技术亮点、操作使用方法、维保注意事项等，让车主掌握车辆使用与养护知识，培养正确车辆使用习惯，树立正确的维修保养理念。

客户信息保护：上汽大众非常重视客户信息安全保护工作，通过多种措施保证客户数据的正常使用和安全性，对客户信息的存储、读取、监控、使用和回收都制定了非常完整的制度和流程。客户数据通过专线传输并存储于由多重访问安全保护的数据库，防止被外来病毒或者黑客侵入；数据读取过程中，对系统设置了监控及可追溯机制，确保客户数据安全；通过法律手段来规范和约束信息的安全使用。

客户满意度调查：上汽大众主动开展客户满意度调查，了解客户满意度水平和存在的问题，及时回应客户需求，提升客户满意度。销售服务满意度调查围绕经销商销售服务质量进行长期调查跟踪，采用预先设定的电话问卷，通过客服中心直接调研已购车的最终用户，由客户对经销商销售服务过程做出评价。销售神秘顾客调查定期派出"神秘客户"以真实购车者的身份对经销商进行现场、实时的访问，以关注经销商销售服务流程的执行情况，有针对性地提高服务水平，改善客户的体验与感受。售后服务满意度调查围绕经销商售后服务质量进行长期调查跟踪，了解客户在售后服务过程中的体验情况，推动经销商有效提升用户满意度和忠诚度。

表 4-1   售后服务满意度调查

品牌名称	投诉率（%）	解决率（%）
大众	0.033	98.4
斯柯达	0.083	99.5

四、打造"全程无忧"的服务[①]

——北汽福田汽车股份有限公司

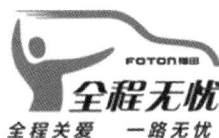

图 4-8

福田汽车秉承"以客户为中心"的服务理念，关注客户需求和体验，创建了"全程无忧"服务品牌，提出了"全程关爱 一路无忧"的服务口号。其核心理念是按照"三全服务、四化建设、六大统一"的服务标准，创建"五个无忧"工程，即依托国内汽车行业规模最大的呼叫中心及遍布全国的服务网络，为客户提供"全天候、全方位、全过程"和"规范化、亲情化、个性化、专业化"的服务，通过"统一的服务理念、统一的服务形象、统一的服务标准、统一的服

---

① 见《北汽福田汽车股份有限公司 2015 年社会责任报告》。

务流程、统一的服务培训、统一的服务配件"，让客户真切体验到"服务无忧、配件无忧、救援无忧、关爱无忧、诚信无忧"。

全球物流配件中心：福田汽车分别在华北、华中地区建立了两大配件物流中心，占地近 400 亩，投资总额超过 15 亿元，并通过使用高架立体库房、现代化设备，采用国际一流的仓储管理信息系统，条形码读取技术结合 PDA 移动终端等，实现了仓储作业的高度信息化管理，形成了配件总库、代理库、服务站（专卖店）的三级配件供应体系。

全球服务培训中心：福田汽车 2010 年于北京建立了服务培训中心，培训中心设置了发动机实训区、整车电器实训区、整车底盘实训区和集理论教学、模拟演示为一体的电教教室等，为服务商提供全面的技术培训，为客户服务提供坚实的技术保障。

全球客户互动中心：福田汽车客户互动中心于 2002 年正式投入使用，有经过专业培训的客户服务代表（CSR）200 人，是目前国内商用汽车行业中规模最大的自建中心。福田汽车时刻贯彻"以客户为中心"的服务理念，努力实施服务差别化战略。全媒体多渠道、全年 365 天、全天候面向客户提供咨询、救援、投诉受理、客户关怀、销售线索跟进、互联网服务支持、电商业务支持、会员管理等服务项目，努力提升客户满意度与客户体验。

五、快·乐体验，开启服务品牌时代[①]

——奇瑞汽车股份有限公司

2006 年 3 月，奇瑞汽车推出"快·乐体验"服务品牌，正式开启奇瑞服务品牌时代。

---

① 见《奇瑞汽车股份有限公司 2015 年社会责任报告》。

快·乐体验
Fun&Fast

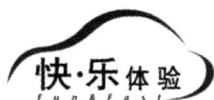

更便捷　更专业　更周到

图 4 - 9　服务理念

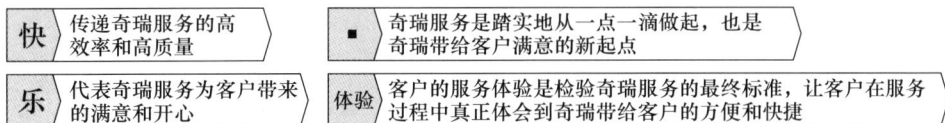

快	传递奇瑞服务的高效率和高质量

■ 奇瑞服务是踏实地从一点一滴做起，也是奇瑞带给客户满意的新起点

乐	代表奇瑞服务为客户带来的满意和开心

体验	客户的服务体验是检验奇瑞服务的最终标准，让客户在服务过程中真正体会到奇瑞带给客户的方便和快捷

图 4 - 10　服务理念

表 4 - 2　品牌核心信息

更快捷		更专业		更周到	
全国联保	网点遍布	技术认证	专业设备	贴心客休	等待无忧
呼叫中心	五星最佳	标准流程	细致服务	外出救援	排忧解难
巡回服务	走近客户	彻检无忧	三重把关	四季活动	丰富生活
预约进站	专享优先	原厂备件	价格透明	跟踪服务	3 天回访

　　随着奇瑞服务的不断发展成熟，2010 年奇瑞服务结合客户的需求和企业的发展方向，以"更便捷、更专业、更周到"的服务理念进行服务升级，顾客满意度不断提升。2012 年，随着"精细营销共铸品牌"的企业发展策略的推行，"奇瑞服务用心为你"作为奇瑞售后服务的核心价值理念，是奇瑞向百万车主作出的郑重服务承诺。"奇瑞服务用心为你"代表奇瑞与客户用心沟通的负责任态度和不断改善创新服务产品的强大行动力，奇瑞为百万客户带来更加贴心、优质、高效的快·乐体验服务。

　　奇瑞在成熟的品牌服务理念的指导下，开展了丰富多样的服务项目。奇瑞设立了近千家服务站，保障客户享受更加近距离的便捷服务；在预约环节，奇瑞改变了被动的服务模式，主动开展电话预约客户，邀请不同里程的客户定期回站保养，客户也可以通过电话预约方式进行预约，服务站会提前安排好时间、工位、备件。同时还有 400 电话及全国服务站电话，随时随地接受客户的咨询与救援，更有每年固化的四季免费检测和备件优惠项目，以及搭配开展的植树、总部探访、抽奖、爱车讲堂等丰富多彩的内容。2013 年，伴随着重磅车型"艾瑞泽 7、全新瑞虎 5"的上市，尊享服务、五星服务团队的概念被植入奇瑞售后服务之中，从而使新客户得到更加实惠、更加安心的服务体验。2014 年，奇瑞又掀起新的服务高潮，车主自驾游、奇瑞车主羽毛球赛等别致新颖的活动吸引更多客户参与其中，将服务带到客户身边的奇瑞巡展服务活动更是已成为奇瑞特色服务之一。

多年来，奇瑞严格遵循标准八步流程，并且各服务站定期开展自查活动以确保落实；2014 年，交车环节加入客户与服务顾问建立关系环节，更是让销售与售后的服务无缝对接。销售顾问在交车时将客户介绍给服务顾问，由服务顾问向客户讲解车辆功能，介绍服务团队和服务承诺，为客户后期用车过程中享受更好的服务奠定良好的基础。为了确实保障客户享受专业服务，奇瑞对专业服务人员、三方技术平台以及远程诊断系统等软硬件两个方面，实行全方位的专业支持；公司更通过严格标准规范为客户营造宾至如归的氛围，感受全程透明可视的服务体验。除此之外，奇瑞还向消费者承诺实现同城工时统一，配件价格及工时费透明公示，保障客户的绝对利益。

第五章　环境责任

随着汽车产业的发展、汽车消费量的激增，汽车带来的负外部性也越来越明显，尤其是在环境方面，汽车负面影响已成为社会各界关注的焦点。一方面，作为生产型企业，在汽车生产过程中产生的工业废气、废水、废物等对外部环境会造成负面的影响；另一方面，汽车产品本身在使用中所产生的尾气，也是造成大气污染、雾霾的主要原因之一。因此，如何在生产过程中减少对外部环境的不良影响、如何生产出对环境影响较低的环保汽车等环境责任是汽车行业履责的重点议题。

汽车行业履行环境责任主要包括三个层面：一是在理念层面，建立企业环保理念，开展内外部环保培训、环保公益活动等，传播绿色理念；二是在管理层面，开展企业内部的环境管理、能源管理，建立完善的管理体系，促进企业绿色实践的开展；三是在实践层面，开展清洁生产，环保造车，减少资源、能源消耗，减少废物排放，开展新能源汽车研发制造，带动价值链上下游企业共同履责，打造绿色供应链等。

随着环境问题日益严重，越来越多的车企将环境保护作为企业履责的首要议题。本次研究梳理国内100家整车企业的环保工作，其中，东风汽车公司、丰田汽车（中国）、日产（中国）、广汽本已汽车有限公司以及上汽通用汽车有限公司在环境保护工作方面具有领先优势，这5家企业具有成熟的企业环保理念及战略，建立完善的环境、能源管理体系，坚持节能减排、环保造车，带动供应链共同履行环境责任，打造绿色价值链。

一、节能环保地造车，造节能环保的车①

——东风汽车公司

东风汽车公司高度重视环保工作，在公司内部建设环境、能源以及环保应急管理体系，落实"三废"管控，推进技术改造工程，积极研发绿色产品。在企业外部，东风汽车致力于循环经济产业链和绿色价值链的打造，联合供应链上下游企业，全面助推提升行业的社会责任绩效。

（一）环境管理

环境/能源管理：多年来，东风公司旗下汽车制造企业全面推行 ISO14001 环境管理体系。截至 2015 年底，覆盖率已达 95.4%。2014 年，东风启动了能源管理体系认证试点工作。目前，公司共有 666 名业务人员通过培训取得内审员资格证书，共有 13 家企业率先推行能源管理体系试点建设。2015 年 7 月，旗下东风活塞轴瓦有限公司、东风悬架弹簧有限公司通过了第三方审核，成为东风首批通过第三方认证审核的企业。环境/能源管理体系的建立为公司节能环保工作的持续改进提供了体系保障，形成了"自我发现、自我完善、自主管理"的运行机制。2015 年，公司杜绝了各类环境污染事故，高质量完成了节能减排年度和任期目标。旗下东风日产乘用车公司、东风乘用车公司等 11 个单位分别获得地方政府的各种奖励和荣誉称号。

"三废"控制管理：东风汽车公司各类废水、废气污染物均稳定达标排放，持续达到国家、属地的污染物排放标准要求。东风公司襄阳基地污水集中治理运行两年来，优化了资源配置，污水稳定达标排放；两个热电厂的脱硫、脱硝及除尘设施稳定有效运行，SO_2、NO_x 及烟尘排放浓度及总量控制均符合国家标准及属地管理要求；随着广东、重庆等地出台挥发性有机废气的排放标准，东风汽车公司采用清洁的涂装生产工艺，用水溶性涂料替代溶剂型涂料，减少 VOC（挥

---

① 见《东风汽车公司 2015 年社会责任报告》。

发性有机化合物）排放，采用 RTO 炉等工艺进行废气净化处理，保证了 VOCs 的达标排放；规范危险废物产生、暂存、运输各环节的管理，危险废物 100% 进行合规处置；东风汽车公司采取吸声、隔声、消声器和改变建筑布局等措施控制噪声源和噪声传播途径，厂界噪声排放得到有效控制。

环保技术改造： 2015 年，东风汽车公司继续推进节能环保新技术改造和推广应用，投资节能环保项目 159 项，资金 2.57 亿元。

➢ 推广应用清洁能源：取消燃煤锅炉，使用天然气锅炉替代燃煤锅炉；应用太阳能发电系统等。

➢ 实施节能技术改造：重点耗能工艺改造与替代；供能管网改造；绿色照明工程等。

➢ 淘汰高耗能设备：空压机、变压器更新及配套设施改造、淘汰在用低效电机等。

➢ 余热余压利用：废气余热回用、发电锅炉乏气余热回用。

➢ 实施清污分流：工业废水、厂区生活污水、雨水分类收集。

➢ 实施环保技术改造：污水处理站技术升级和能力扩充、危险废物贮存场规范化建设、工艺废气、噪声治理、中水回用等。

环保应急管理： 东风公司要求旗下各单位从环境风险评估、环保应急能力建设、应急预案编制及备案管理、应急演练、应急处置及联动、事后环境恢复等方面开展全面环保应急管理。

环境风险评估 ▷ 完善风险防控措施，开展应急能力建设 ▷ 编制环保应急预案并备案 ▷ 应急演练并修订预案 ▷ 应急处置（联动机制）▷ 事后环境恢复

图 5-1 应急管理流程

东风公司总部通过日常监督检查、目标诊断、节能减排审计等方式，对环保设备设施的运行、危险化学品使用及储存、危险废物的暂存等重点环节开展风险检查，并要求各单位对检查中发现的问题进行整改和完善。

旗下东风商用车有限公司全面开展环保设备设施（包括水、气、声、渣）运行状态自查自纠活动，依据调查出的问题清单，结合 2016 年投资计划及"十三五"环保规划，制订计划并进行整改。

旗下东风小康汽车有限公司在"节能环保宣传月"期间组织了环境突然事件应急演练，使员工深入地了解事故应急常识，并在演练后及时对预案进行修订。

旗下东风乘用车公司在 2015 年 6 月 12 日邀请省内危险化学品泄漏应急处置专家，对公司各单位安全员、危化品使用和保管等人员进行了危险化学品存储、转运、分装和泄漏回收等方面知识的培训，强化了员工在使用和保管危险化学品等环节的安全意识，尤其是提高了员工对异常情况的应急处置技能，降低了危险化学品在生产过程中的风险。

（二）绿色产品

东风是国内最早从事新能源汽车研发的企业之一，早在"九五"期间，公司就开始了新能源汽车技术的研发。公司新能源汽车"十二五"发展规划明确提出"以纯电动轿车作为中长期重点战略目标、以混合动力汽车作为阶段性重点目标并与传统汽车节能相结合，立足整车集成与整车控制，整合核心资源，建立共性技术优势、探索纯电动汽车的商业应用模式"的总体发展战略。

经过多年的发展，东风公司在新能源汽车整车匹配和核心总成开发等方面已形成一定的积累，并开发了一系列新能源汽车产品。截至 2015 年 12 月，东风公司已经有 153 款车型进入国家《节能与新能源汽车示范推广应用工程推荐车型目录》。

在完善产品技术的同时，东风公司高度重视新能源汽车的示范运营。截至 2015 年，东风公司累计投放 17125 辆各类新能源汽车在上海、武汉等多地安全有序地开展示范运营。

（三）循环经济

东风汽车公司各单位探索节能减排新途径，多渠道寻找社会资源，建立互惠互利的循环经济产业链。2015 年，东风日产乘用车公司与广州市越堡水泥有限公司启动了危废协同处置项目，项目计划 3 年内完成，预计项目实施后实现危险废物综合利用 6000 吨/年。2015 年，已实现减少危废处置 585 吨，节约处理费用 74.88 万元。

（四）绿色价值链

东风汽车公司围绕"节能环保地造车，造节能环保的车"的工作理念，将绿色产品价值和绿色社会价值纳入价值范畴，实施产品研发、采购、制造、物流、销售、回收的全价值链节能环保闭环管理，将节能环保工作融入生产经营各个环节。

绿色研发： 东风汽车致力于通过技术进步和创新赋予汽车"绿色生命"，在发动机及动力传动技术、轻量化设计技术、整车燃油经济性、环保汽车材料等重点领域开展研究。近年来，东风汽车先后研发了混合动力汽车（HEV 客车、S30 - PHEV、A60 - ISG、微混启停）、纯电动汽车（A60 - EV、E30 系列）和燃料电池汽车等一系列车型。结合整车开发，掌握了电池、电机、控制器等一批核心技术，总计申请相关专利 370 项。

绿色采购： 东风公司各单位制定实施一系列绿色采购政策，推动供应商建立环境管理体系，开展环境负荷削减活动等，从源头确保东风车的节能环保品质。旗下东风本田汽车有限公司把供应商纳入环境管理体系。2008 年，组织供应商开展 ISO14001 体系认证工作，截至 2014 年底，98% 的供应商通过认证；2009 年，启动"供应商环境负荷削减"活动，推进供应商环境能源消耗与污染物排放的在线管理。

绿色制造： 东风公司通过材料替代、工艺改革、装备改造、水循环、废物回收再生、节能技术、资源综合利用等 10 项措施，减少污染物排放量以及能源、资源消耗。旗下东风日产乘用车公司在冲压工艺环节设置全自动废料输送系统，集中自动回收处理边角余料，材料回收利用率达到 100%；采用水性涂料替代油性涂料，涂装过程 VOC（挥发性有机化合物）排放量降低近 50%；对生产废水和生活污水进行预处理、物化处理、生化处理、回用处理等，实现废水零排放。

绿色销售： 东风公司旗下部分单位积极开展绿色专营店认证活动。截至 2015 年底，东风本田汽车有限公司绿色特约店认证店达 365 家，碳排放较 2014 年下降 1%；东风日产乘用车公司 288 家专营店持续开展"绿色专营店"活动，占比 42.5%。旗下东风本田汽车有限公司通过大力推广"绿色特约店认证"工作，考核内容涵盖经销商全部销售和服务环节，包括"5S 现场管理"、"废物、废气、废水"、"噪声防治管理"、"应急响应及劳动防护管理"、"资源能源节约管理"等。

绿色物流：东风汽车公司建立节能管理组织机构，建立、健全节能问责制度，对运输节能工作开展有效的监督和管理。致力于将旗下东风车城物流打造成为"领先的汽车物流综合解决方案提供商"，东风车城物流公司围绕东风整车主机厂、各大汽车厂生产基地建设物流基地，形成了有效的物流网络。物流网络通过合理利用社会资源解决物流返程问题，提高了车辆里程利用率，降低了运输设备的投入，并大大减少了车辆排放。

汽车产品回收及再制造：东风公司构建汽车产品回收利用的绿色设计体系，主动开展废旧汽车回收工作，并进行汽车零部件再制造、装备再制造工作，提高资源利用效率。2015 年，旗下东风鸿泰汽车资源循环利用有限公司回收并修复243 台变速箱，实现销售收入165.95 万元；东风康明斯发动机有限公司完成再制造产量2376 台，再制造产值1830 万元；东风装备公司再制造产值达2278 万元。

二、降低行业负面影响，为社会带来正能量[①]

——丰田汽车（中国）

2015 年，丰田汽车公司为实现可持续发展社会做贡献，发布了"丰田环境挑战 2050"战略。该战略针对气候变化、水资源缺乏、资源枯竭、生物多样性减少等地球环境问题，以"使汽车产生的负面影响无限接近于零"和"为社会带来正能量"为目标，在"打造更好的汽车"、"更好的生产活动"、"美好城市和美好社会" 3 大领域发起了 6 项挑战。在该战略指引下，公司制订第 6 次"丰田环境治理计划"，作为 2016 ~ 2020 年的五年执行计划加以实施。

---

① 见《丰田汽车（中国）2015 ~ 2016 年社会责任报告》。

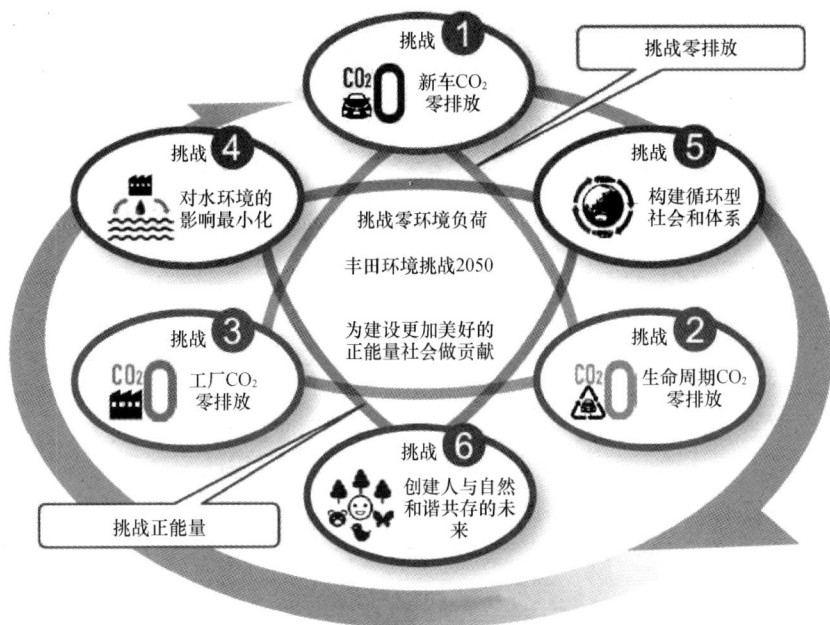

图 5-2 丰田环境挑战

表 5-1 "丰田环境挑战 2050"战略的 6 项挑战内容以及主要目标

打造更好的汽车	挑战 1：挑战新车 CO_2 零排放	2050 年全球新车平均行驶过程中 CO_2 排放量削减 90%（较 2010 年）
	挑战 2：挑战生命周期 CO_2 零排放	从生命周期的角度出发，包括材料、零部件、生产在内的整个生命周期的 CO_2 排放为零
更好的生产活动	挑战 3：挑战工厂 CO_2 零排放	2050 年全球工厂 CO_2 排放为零
	挑战 4：挑战对水环境的影响最小化	根据各国各地区情况实现用水量最小化并进行废水管理
美好城市和美好社会	挑战 5：挑战构建循环型社会和体系	从 2016 年开始启动两个项目，向全球推广源自日本的"合理处理"和循环利用的技术和系统
	挑战 6：挑战创建人与自然和谐共存的未来	从 2016 年开始开展 3 个自然保护项目，将丰田集团及其关联公司与各地区、全世界以及未来连接起来

（一）打造更好的汽车

丰田从"节约石油"和"摆脱石油"两个方面，推进制造"更好的汽车"。为此，丰田一方面坚持不懈地升级传统技术，开发低油耗且动力性能卓越的发动机和变速器等动力总成，达到"节约石油"的目标；另一方面不断推进混合动力技术研发，并针对各种能源的特性，发展节能型新能源汽车，同时还采用环保设计，减少整个汽车生命周期的 CO_2 排放，以此实现最佳环保型汽车的普及。

推进混合动力技术：丰田汽车公司油电混合动力是目前世界上普及率较高的混合动力系统。为了让更多中国消费者享受油电混合双擎动力技术带来的美好生活，丰田致力于其国产化。经过四年多的努力，2015 年，丰田实现了油电混合双擎动力总成的国产化，推出了 COROLLAHYBRID 卡罗拉双擎和 LEVINHEV 雷凌双擎两款国产混合动力车型。

推出燃料电池车：丰田汽车公司燃料电池车兼备"行驶过程中不排放二氧化碳和环境负荷物质"及"与目前的汽油发动机车具有同等便利性"的特点，是实现"可持续发展的汽车社会"的"终极环保车型"。2015 年，丰田向社会无偿分享了约 5680 项燃料电池相关专利和约 70 项氢站相关专利的使用权。为促进燃料电池车研发，丰田还与日野汽车公司实施了燃料电池巴士的实证实验，并与合作伙伴共同发表联合声明，宣布对 HySUT（氢气供应与利用技术研究联盟）所属加氢站提供运营经费支援，从而促使更多的公司参与氢气供应活动，尽快为消费者创建服务更好、更便捷的加氢基础环境。

（二）更好的生产活动

丰田汽车公司在生产环节将节能减排作为核心任务，积极开展各项工作应对全球变暖，实现资源的合理利用。2015 年，丰田在华各事业体积极推进环境守法，建立违法投诉对应体系，全年无环境违法、投诉事件发生，工厂内未发生重大泄漏事故。

TOYOTA – EMS 管理体系：自 2011 年起，丰田所有在华事业体导入丰田全球的 TOYOTA – EMS 环境管理体系，以丰田生产环境重点方针（异常投诉为零、风险最小化、环境绩效 No.1）的早期实现为目标，创造性地将 TOYOTA – EMS 管理体系融入 ISO14001 的管理标准之中，设立了更为严格的标准。2015 年，所有中国工厂均开展了丰田环境全球监察，并对监察中提出的问题进行改善。

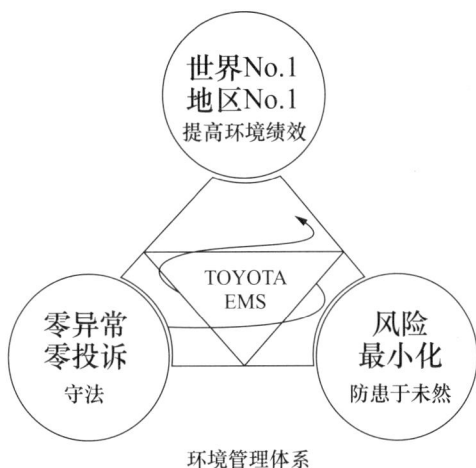

图 5 - 3   TOYOTA - EMS

节能减排管理：丰田汽车公司积极推进目标管理，以 2006 年为基准，设定了各主要环境指标到 2015 年的目标值，通过技术改造、设备更新等多种方式节能减排。

➤ 化学物质管理：丰田持续加强产品与生产管控，减少化学物质对环境和健康的伤害。目前，丰田在华工厂全部废除了对破坏臭氧层物质化学品的使用，并不断扩大环境负荷物质的管理范围、增加禁用物质。针对正式的投产零件和资材、补给品、用品、副资材，丰田的禁用物质已经由 2007 年的 4 种增加到了 10 种，副资材禁用物质则达到 590 种。

➤ 能源和温室气体管理：丰田通过持续导入各项低碳技术及稳定的改善活动，最大限度地节约能源、减少温室气体排放。截至 2015 年底，丰田单台车能源使用量减少了 44%。

➤ 生产材料管理：丰田从开发设计阶段开始，便通过加大低 CO_2 材料的开发和利用力度、减少材料使用量、减少零部件数量等，削减生产材料过程中产生的 CO_2。同时还通过广泛使用再生生物材料、易拆解设计等提高资源效率的开发，进一步充实环保设计。

➤ 水管理：丰田各事业体按照中国环境行动计划的要求，制定了减少水使用量的目标，不断探索资源的循环利用方式。截至 2015 年底，整车工厂的单台车用水量比 2006 年基准年减少了 73%。除了生产过程中的节能减排，丰田在华各事业体还积极推进供应链上下游企业的环保实践，开展广泛的环境交流活动，促进生态环保的美好城市和美好社会建设。

➤ VOC 排放管理：在生产方面，通过水性涂料导入、削减涂料和稀料使用量等方式，推动 VOC 减排。截至 2015 年底，车体单位涂装面积 VOC 排放量较 2007 年基准年减少了 66%。

➤ 废弃物管理：丰田在华工厂按照国家要求，将固体废弃物交由有处理资质的废弃物厂家稳妥处理。目前，12 家工厂产生的生活垃圾以外的废弃物总量中，约 90% 已实现了再利用。截至 2015 年底，单台车废弃物排放量较 2006 年基准年减少了 82%。

（三）美好城市和美好社会

除了生产过程中的节能减排，丰田在华各事业体还积极推进供应链上下游企业的环保实践，开展广泛的环境交流活动，促进生态环保的美好城市和美好社会建设。

绿色供应链：丰田制定了《中国绿色采购指南》，要求供应商实施不损害环境对策，并对交货物品中的环境负荷物质进行管理。在新版指南中，丰田将环境管理重点放在了化学品管理上，将批量生产阶段产品中不能使用的物质追加到 10 种，将包装材料中不能使用的物质追加到 11 种，对材质为树脂、橡胶的零部件也提出了明确规定。同时，丰田还积极组织一级供应商之间的相互检查，以及时发现并解决其潜在的环境问题。2015 年，丰田与全体在华事业体协同，在 438 家一级供应商之间开展了第二次相互点检活动，持续推进绿色供应链进程。

绿色物流链：同方环球（天津）物流有限公司负责丰田在物流领域的环境管理工作。公司通过开展目标管理来推进物流领域的 CO_2 减排。

绿色销售链：在销售环节，丰田引入了全球"经销商环境风险审核计划"（Dealer Environment Risk Audit Program），将环境责任延伸到下游经销商，降低丰田整体品牌的环境风险，打造全方位的绿色低碳汽车价值链。目前，丰田中国的 131 家经销商已全部完成 DERAP 认证，广汽丰田的 DERAP 认证已完成 319 家，占所有经销商的78.6%，一汽丰田502家经销商中的455家已达成协议，达成率为91%。

绿色回收：在回收环节，丰田积极参与国家标准制定。2006年，丰田就参加了中国汽车产品回收利用技术政策，特别是回收利用率及禁用物质等环节的审议工作，将丰田在国际市场上所积累的国际经验介绍到国内，并充分考虑中国汽车行业与社会环境的特殊情况，提出具有可行性的建议。同时，丰田在中国从研发阶段就开始考虑回收问题，预先采取利于回收的设计方案与车用材料。

（四）环保意识提升行动

丰田在华各事业体通过开展环保培训、组织环保宣传活动提升员工的环保意识，保障环保工作的顺利实施。

环境培训：为提升各生产公司环境意识，促进员工对相关环境法律法规的了解，丰田面向各个工厂开展环境培训活动。2015年主要进行了丰田环境体系的培训，培训各级环境担当近300人次。

原动力·建筑保全交流会："原动力·建筑保全交流会"将丰田系生产事业体的原动力管理部门召集在一起，通过分享各公司原动力设备的维护管理改善、成本降低、节能减排事例，进行信息交换，2015年在四川一汽丰田、天津一汽丰田西青工厂举行。

环境评价：丰田遵守中国法律法规要求，所有新上项目或者改扩建项目开始前都会进行环境影响评价，确保项目运作符合环保法律法规的要求。2015年，天津一汽丰田汽车有限公司新第一生产线项目已获批，产能为10万辆/年，预计2018年初投产。

环境月：丰田在华各生产工厂每年都会设置"环境月"，集中开展环保推广活动。

第七次生产·物流环境事例改善发表会：2015年6月，丰田举办了第七次生产·物流环境改善事例发表会，丰田在中国的12个生产事业体代表参加了会议，并就节能降碳、减少VOC和废弃物等的排放等方面进行了改善事例的交流。会后代表们还参观了GTE生产现场的其他优秀改善事例，并评选出3个优秀改善事例参加丰田全球环境表彰。

图 5 - 4　环保参观学习

EMS 学习会：基于丰田环境全球监察结果中发现的各事业体共同存在的问题及环境法律法规要求趋于严格化的形势，2015 年 6 月，丰田举行了以各生产事业体环境事务局担当为对象的现地现物型学习会，对中国丰田生产事业体环境管理现状进行分析，找出共同存在的问题，并通过已发生环境事例找出管理要点，达到提高事业体环境管理水平的目的。

环境法规说明会：2015 年 12 月，丰田举行了环境法规说明会，邀请专家对新环保法、突发环境事件应急预案等法规中与企业相关性较高的条款进行解读，强化与实际业务相关的法律法规知识，提高懂法守法意识，同时参加说明会的事业体环境担当就工作中遇到的实际问题进行了询问和交流。

图 5 – 5　环保培训（一）

图 5 – 6　环保培训（二）

三、绿色计划 2016，助力人·车·自然和谐相处[①]

——日产（中国）

日产汽车致力于实现可持续发展的社会，并以此作为重要的竞争优势，在全球制造行业中实现战略差异性。公司确立"人·车·自然和谐相处"的环境哲学，提出"通过促进资源和能源的有效使用和循环利用，将日常经营活动和产品在其生命周期内对环境造成的影响降低到地球可以自然吸收的水平"的环境目标。为了达成这一目标，日产在 2011 年启动了第三个中期环保计划，即"日产绿色计划 2016"（NGP2016）。这一计划的具体目标包括：在 2016 财年年底前，成为零排放汽车领域的领军者；在汽车行业达到领先的燃油经济性；成为领先的低碳排放和闭环循环利用企业；成为业界首家设定资源再生目标的汽车公司，实现综合性闭环循环再生计划。

NGP2016 全方位地覆盖了日产的研发、生产、销售及服务等全部门，以确保日产全球范围内的所有部门能够协同努力，一起实现上述目标，最终降低企业活动对环境所造成的负面影响。

> **日产绿色计划 2016**
>
> ◆ 在 2016 财年年底前，成为零排放汽车领域的领军者，雷诺—日产联盟将累积销售 150 万辆零排放汽车；
>
> ◆ 在汽车行业具备领先的燃油经济性，与 2005 年相比，日产汽车在日本、中国、欧洲以及美国所售车辆的平均燃油经济性将提高 35%；
>
> ◆ 日产成为领先的低碳排放和闭环循环利用企业；
>
> ◆ 日产汽车成为业界首家设定资源再生目标的汽车公司，并通过回收钢材、铝和塑料等材料实现综合性闭环循环再生计划。

[①] 见《日产（中国）投资有限公司 2015 年社会责任报告》。

（一）环境管理

全球环境管理体系：为了更好地实现环境目标，日产建立了全球环境管理体系落实各方面的工作。其中，日产全球环境管理委员会由专门负责与环境相关事务的高管构成，每年组织两次环境专门会议，用来确定何种环境议题提交董事会并作出最终规划与决策。与此同时，日产还设立了专门的环境规划部门，负责环境相关活动的具体规划与实施。2013 年，日产在中国建立了中国环境管理委员会，极大地提升了日产在华企业的环境管理水准，并与日产全球其他公司在环保议题上建立了更为紧密的联系。

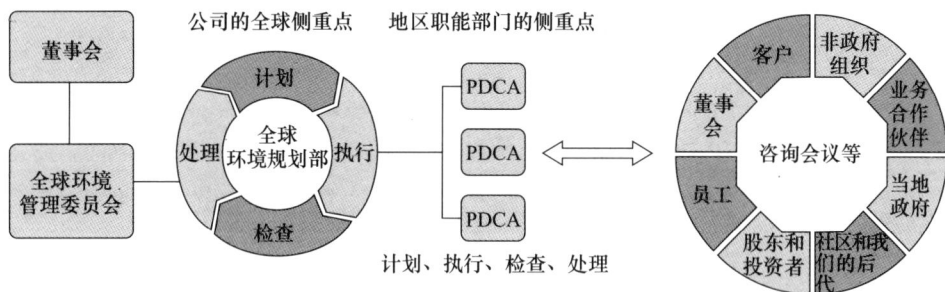

图 5－7

东风有限环境管理体系：在中国，东风有限积极推进旗下东风日产与郑州日产的环境管理工作，通过建立 GB/T 24001—2008 环境管理体系，严格控制产品、活动与服务各方面对环境可能造成的负面影响，并积极推行清洁生产与节能减排，以期实现经济与环境的协调发展。此外，东风日产还提出了"2015 绿色计划"来提升环境管理水平。

东风日产"2015 绿色计划"

◆ 减少二氧化碳、化学需氧量（COD）、二氧化硫等污染物排放。

◆ 循环利用（废材的再利用、再制造业务扩大）。

◆ 通过导入"PureDrive"实现20%以上燃油经济性改善。

◆ 新的动力总成和轻量化对策、新能源车（电动、混合动力）。

（二）绿色研发

不断提升现有车型的能效表现、投入新能源车与电动汽车的研发与技术创新是日产在中国开展绿色研发的宗旨与目标。日产在确保产品性能与客户驾乘体验的同时，减少二氧化碳排放，竭力降低产品对于环境的负面影响。

"绿色城市计划"：东风日产于2009年全面启动"绿色城市计划"，旨在于城市中推广具备世界领先水平的纯电动车；并与地方政府开展深度合作，推动智能交通系统在城市的发展。"绿色城市计划"是国内第一个以汽车企业为主导、联手地方政府共同参与的纯电动汽车普及战略。目前，东风日产已先后和中国工业和信息化部以及武汉、广州、大连等城市签署了纯电动汽车示范运营协议，形成了"以点带面、纵贯南北"的新能源汽车推广布局。

PUREDRIVE：在研发纯电动车之外，日产还不断地将技术革新与环境融合、统一，推出 PUREDRIVE 技术作为未来交通的解决方案。PUREDRIVE 技术可通过怠速熄火来减少能量的损耗。并通过混合动力系统将能源加以再生利用，有效降低了燃料驱动车辆的能耗，从而控制二氧化碳的排放。这一技术目前已运用到了日产旗下奇骏、天籁、新轩逸、骊威、骐达、逍客等众多车型上。

（三）绿色运营

日产在华企业不仅在产品研发与技术上实现节能减排，更将环境保护落实到企业生产运营的各个环节当中来，率先建立了绿色产品生产周期，在采购、生产、物流和销售的各个环节上制定严格的环境目标与规则，并诚实践行过程中涉及环境保护的各项细节。

绿色采购：东风日产制定了严格的绿色采购方针和严谨的零部件及材料采购通则，自源头控制生产中的环境风险。在新产品开发的过程中，通过中国汽车材料数据库系统（CAMDS），严格审查供应商采用的材料与物资，确保新车型的再回收利用率和禁用物质等技术指标满足国家法律法规要求；同时，供应商在服务与产品管理上也必须符合国家的相关法律、法规以及日产的相关规定。目前，东风日产的供应商都已建立环境管理体制，并通过第三方环境体系认证其量产车型的所有零部件和材料均已满足东风日产产品技术标准中关于环境负荷物质的要求，且94.1%的零部件和材料供应商通过了 ISO14001 或 GB/T 24001 环境体系认证，这一指标在 2015 年内将达到 100%。郑州日产于 2011 年 7 月正式导入"中国产品标志产品认证"，要求供应商通过劳工、环保和质量方面的认证，并签订《不使用有害物质承诺书》，以增强供应商的环境意识，减少环境污染。目前，郑州日产所有供应商必须通过 ISO9000、QS9000 或 TS16949 等相关质量体系认证。目前，郑州日产 100% 的供应商通过了劳工、环境和质量认证。

绿色生产：日产在中国各生产企业的环保目标是：达到零污染事故、主要排放污染物 100% 达标，并努力减少二氧化碳、VOC 和固废物的排放。

➢ 降低二氧化碳排放：2014 年，东风日产投资 2335 万元开展重点碳递减课题 20 余项，实现年减排 1.9 万吨，效益达到 1672 万元。

➢ 减少 VOC 排放：东风日产通过采用水性涂料替代油性涂料，将涂装过程中的 VOC 排放量降低 50%。同时，使用 RTO 蓄热燃烧装置燃烧生产涂装过程中的 VOC，VOC 的处理效率达到 99% 以上。2014 年，东风日产开展 VOC 递减课题 11 项，减排 252 吨。同时，东风日产每年聘请第三方机构对 VOC 排放进行监测，结果均为 100% 达标。郑州日产对于在车身中面涂、电泳烘干室产生的废气，同样采用了 RTO 焚烧炉焚烧净化方法，并通过提升涂装车间能力和工艺水平，底漆和面涂漆使用水性涂料的方法，降低了 VOC 排放。

➢ 固体废物管理：东风日产制定并严格执行固体废物的排放管理指标，从源头上实施量化控制，同时严格执行固体废物的分类回收，并在公司内设置固废物回收站，对员工开展分类回收教育，实现固体废物 100% 回收利用，综合利用率达到 95.6%。郑州日产的固体废物也已实现 100% 的回收率。

➢ 节能管理：东风日产采取了多种措施进行节能管理，包括开展电机变频化来保证热能的重复利用；强化能源计量系统管理，配备一级、二级、三级计量仪表。2014 年东风日产开始在花都工厂实施 LED 灯更换计划，节约能源 60%。在节能减排方面，郑州日产开展清洁生产活动，成立专项节能减排课题小组。2014 年，郑州日产投入了 382.8 万元节能减排专项资金，对变压器更新、中水回用、低压补偿、照明管理细化、仪表完善及控制、照明 LED 应用等项目进行更新改造，并获得郑州市 2014 年节能减排先进单位。

➢ 水资源管理：在节水方面，东风日产也实施了多项措施。其中，对夏季喷房空调冷凝水回收，回收水并入喷房循环水系统，补充喷房消耗水量。废水经过处理后，一部分经超滤反渗透系统后用于生产，其他部分用于冲厕、绿化、清洗等，在花都的所有工厂达成废水零排放。东风日产还每月对废水进行一次水质监测，避免泄漏及污染事件。郑州日产通过增加计量水表，使得用水量显现化；并开展节水改造，如涂装一车间增加的纯水浓水回收利用、污水站石灰水制备用中水替代自来水，实现年节约自来水约 50000 吨；锅炉冷凝水回收利用等也使单车用水量逐年降低。

➤ 物料循环再用：东风日产自 2005 年建立循环经济试点推进委员会以来，就将商品规划、技术中心、生产制造、销售服务等部门统一纳入推进委员会当中，统一制定了循环物料使用的相关流程和制度，并编制了《循环设计指南》。2014 年东风日产花都地区回收量为 85739.06 吨，郑州地区回收量为 24013.41 吨，大连地区回收量为 1666.25 吨，为东风日产增收 2.5 亿元。

绿色物流：东风日产为减少运输过程当中的二氧化碳排放，建立了绿色物流体系，通过采用供应商近地化、扩大铁路水路运输线、改善运输路径等措施，优化现有的公路、铁路和水路物流运输方式。自 2004 年起，东风日产国产生产件的物流包装物已经实现 100% 的循环包装。同时，公司采用了"ROUNDUP"零部件取货系统，运用电脑零部件装载形态，计算最佳的运输路线以及零部件组合，来提高运输效率。

绿色销售与服务：东风日产在绿色销售与服务方面，将"绿色专营店"认证作为运营管理的战略目标之一。"绿色专营店"旨在鼓励东风日产经销商主动承担环保责任，通过建立完备的环境管理体系来持续开展环保工作，并通过改善环保设施，降低水、电等能源消耗和整体运营成本。截至 2014 年底，东风日产已完成绿色专营店认证超过 280 家，覆盖约 40% 的专营店。在环境保护和低碳实践中取得显著成效。以节水一项为例，每家绿色专营店每年可节水约 45 万吨，所有绿色专营店节水额可供超过 15700 多人使用 1 年。

绿色办公：东风日产在日常工作中施行绿色办公、低碳办公。具体举措包括培养企业员工节约用电的良好习惯，将每盏灯、每台电脑、每个空调的开关分配到具体的员工，提升员工的节能意识。同时公司已全面实现纸张的重复使用和无纸化办公。

图 5 - 8

四、用创意和技术让孩子的天空更蔚蓝①

——广汽本田汽车有限公司

广汽本田汽车公司以"让孩子的天空更蔚蓝"为企业环保口号，并向各利益相关方公布企业环保宣言："我们作为对社会担负责任的一分子，为了人与地球健康和谐共存，在企业活动的所有领域，发挥前瞻创意和先进技术的力量，率先从自身做起并带动身边所有人，共同不懈努力。"公司制定企业环保方针，并通过绿色产品制造、零排放工厂建设、绿色销售、绿色采购以及开展绿色公益等方式努力将企业环保理念融入生产经营。

环保方针

◆ 在涉及产品生命周期的各个阶段（研究/开发/采购/生产/销售/服务/废弃等），积极实现资源与能源的节约、废弃物与污染物的最少化及妥善处理，为之不懈努力。

---

① 见《广汽本田汽车有限公司 2015 年社会责任报告》。

◆ 积极致力于地球环境的保护以及与之相关的教育/支援等公益活动，为之不懈努力。

◆ 对自身事业带给所在地区环境和居民健康的影响，永远保持高度的敏感，并真诚地采取行动，为之不懈努力。

◆ 从自身开始改善，并形成习惯，进而影响到身边所有人，为让每个人都成为环境保护的模范而不懈努力。

绿色产品：广汽本田一直坚持生产绿色产品，凭借先进的发动机技术，实现了高功率输出、低燃油消耗和清洁排放的理想平衡，所有车型均实现了优秀的燃油经济性，且排放均达到了国Ⅳ标准。广汽本田全系产品均大量使用了环保材料，大幅度降低了车内 VOC（挥发性有机化合物）。同时，广汽本田产品的整车材料回收率达到90%以上，将对环境的影响减少到了最小。广汽本田在不断提升现有汽油车产品节油环保性能的同时，还启动了新能源车计划，并于2012年以进口销售的方式导入 HondaCR－Z 和 FITHYBRID 两款混合动力车型。

Honda 独创的混合动力系统 IMA 系统，以先进的 i-VTEC 发动机作为主动力，以高效电机作为辅助动力，既有卓越的环保、节能性能，又具备流畅的行驶性能，将环保与驾驶乐趣融为一体。IMA 系统的电机设置在发动机与变速箱之间，小巧轻薄，系统整体设计更轻巧、更紧凑，为车内腾出最大化的乘坐空间。

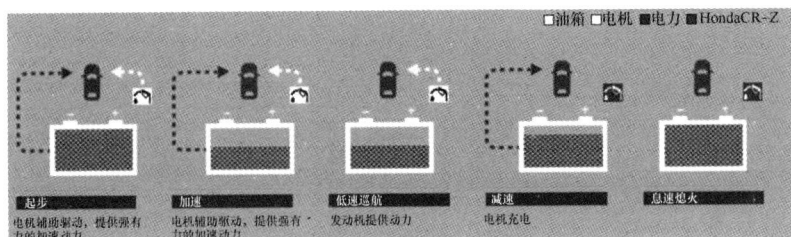

图5－9 IMA 混合力系统工作原理

绿色工厂：广汽本田投入巨资，在增城工厂导入最先进的环境技术"膜处理技术"，生活污水及工业废水经过污水处理站的预处理、物化处理、生化处理、过滤和深度处理五个阶段的处理，实施 100% 回收重新利用，在汽车行业率先实现"废水零排放"。按每年生产 24 万辆车计算，该水循环系统每年可节约自来水量为 414000 吨，相当于 932 户广州家庭一年的总用水量。广汽本田增城工厂涂装生产线是国内第一批采用水性涂装的生产线之一，涂装车间采用水溶性涂料，使 VOC（可挥发性有机物）的排放量降低到 $14g/m^2$，远低于世界上最严格的欧洲排放法规的要求。

绿色销售：2006 年 11 月，广汽本田正式启动绿色特约店项目。"绿色特约店"的标准是要求各特约店遵循国家和当地环保法律法规要求，针对日常运营中产生的各类有害废物进行有效管理；对可回收再利用的废物进行循环使用；推广有利环保的新设备、新材料和新工艺；提高能源利用率，减少能源的消耗。

绿色采购：广汽本田推行绿色采购，要求供应商尽量使用无毒、无害、无污染的原材料，降低铅、六价铬、汞、镉等有害物的使用量。同时，广汽本田加强零部件供应源头的环境管理，向国内供应商推广 ISO14001 体系的建立。目前，广汽本田供应商已全部通过了 ISO14000 体系认证。

绿色公益：2008 年 5 月，广汽本田 Honda 在华企业联合内蒙古兴和县友谊水库开展造林项目，在五年时间里总计投入资金 1000 万元，共植树 74 万棵，造林面积达 7000 亩，帮助当地改善了环境和气候，并为北京提供了绿色屏障。五年来，广汽本田还多次组织员工、车主、环保家庭、高校学生等亲赴内蒙古参加植树活动，将绿色环保的理念传递给更广泛的社会成员。

五、绿动未来，扎实推进企业全方位绿色发展[①]

——上汽通用汽车有限公司

自 2008 年"绿动未来"战略启动以来，上汽通用汽车围绕"发展绿色产

---

① 见《上汽通用汽车有限公司 2015 年社会责任报告》。

品"、"锻造绿色体系"、"承揽绿色责任"三大核心，扎实推进企业全方位绿色发展。截至 2014 年底，上汽通用旗下产品已 100% 采用新一代动力总成技术，整体平均油耗比 2009 年降低了 13.5%，性能提升了 11.8%；制造系统的单车能耗五年来下降了 29.4%，单车水耗下降了 35%，单车废水排放降低了 29.6%；同时还认证发展了 300 家绿色供应商、495 家绿色经销商。

在圆满完成 2011～2015 五年规划的基础上，上汽通用汽车面向未来，滚动发布了 2016～2020 年 "绿动未来" 五年规划和目标，扎实推进全业务链节能减排，将 "绿动未来" 打造成为企业可持续发展的源泉和差异化核心竞争优势之一。根据 "绿动未来" 全新战略部署，上汽通用汽车将基于通用汽车全球领先的绿色及智能汽车科技，从消费者需求出发，大力发展 "更性能、更节能、更智能、更环保" 的绿色产品。

（一）发展绿色产品

绿色战略：2016～2020 年，上汽通用汽车在高效动力总成和新能源技术上的投资将达 265 亿元，全新推出 "高性能、高稳定、低油耗、低噪声" 的 13 款发动机和 9 款变速箱，大范围普及应用新一代小排量、直喷及涡轮增压发动机、DCG 双离合变速箱、高效手动变速箱、AMT 智能换挡变速箱，逐步引入 8 速、9 速和 10 速及 CVT 变速箱，并适时引入柴油机；借助近 40 项先进技术的应用，包括多种降摩擦技术、智能热管理系统、智能手动变速箱、可变排量油泵和同步器减摩隔振系统等，新一代动力总成将通过深度集成、高效匹配，为整车油耗改善并实现性能提升提供强大助力。

绿色车型：2016～2020 年，上汽通用汽车将推出超过 10 款新能源产品，且每年推出 1 款国产混合动力车，覆盖从弱混、强混到插电式的全类型新能源产品。2016 年三大品牌主力平台均会推出全新一代新能源车型，其中的新一代增程型混合动力车续航里程将高达 700 公里以上，百公里综合油耗仅 0.9 升，且在全性能状态下的纯电动里程也将超过 100 公里。2017 年上汽通用旗下产品将全系标配发动机智能启停技术。

绿色科技：2016～2020 年，上汽通用汽车将从整车电子、底盘、车身和外饰、空调等各大总成入手，全面推进多达 25 项以上节能技术的应用，包括超高强度轻量化车身设计、制动能量回收、高效空调、低滚阻轮胎等多项节能技术，不仅要在保障安全性能的前提下，整车轻量化减重达到 8%~10%，同时还要进一步优化空气动力学设计，在目前公司主力车型空气阻力系数（Cd 值）已优于市场同级竞争车型 5%~7% 的基础上，下一代新产品的空气阻力系数将平均再下降 3%~4%。到 2020 年，上汽通用汽车产品平均油耗将在目前基础上再降低 25%~30%，性能平均提升 11%，共实现节油 297 万吨，减少 918 万吨 CO_2 排放，相当于 1.12 亿棵树一年的碳汇。

（二）锻造绿色体系

绿色制造：上汽通用汽车在各项环保指标领先制造行业的基础上，将以打造"绿色智慧制造"为目标，继续推动生产制造领域的节能减排。未来五年，上汽通用汽车将逐年在四大生产基地推广太阳能光伏发电系统，总面积将达 94 万平方米。仅此一项，每年就将节约标煤 2.8 万吨，减少二氧化碳排放 7.6 万吨。此外，上汽通用汽车深入推进多达 48 项绿色工艺和设施应用，大幅改善能源利用率，有效降低"三废"排放。

绿色供应商：上汽通用汽车将继续发挥行业龙头作用，带动供应商、经销商等全产业链共创绿色产业生态系统。"十三五"期间，上汽通用汽车将采用更为严格的评定和认证标准，新增 150 家绿色供应商，每年新增 70~100 家绿色经销商。

绿色物流：上汽通用汽车将积极打造绿色物流，通过优化仓库位置和数量、提高运输装载利用率、增加铁路和水运运输比例等系列化举措，实现每年降低 3% 物流供应链碳排放的目标。

（三）承揽绿色责任

2015 年 6 月 5 日，国内首个环保公益众筹平台——"绿动未来"环保公益众筹平台在人民大会堂举行了隆重的启动仪式，众筹网站 http：//www.drivetogreen.com 宣告正式上线。该项目由中国环境文化促进会与上海通用汽车联合主办，旨在将"互联网"、"众筹"、"环保"三者创新融合，凝聚全社会的力量共同传播"全民环保"与"生活方式绿色化"理念，让更多人参与创造和分享环保价值，进而推动中国环保公益事业的发展。此举不仅首开国内环保公益众筹模式之先河，同时也是上海通用汽车扎实推进绿色战略规划，积极承揽绿色责任的又一身体力行。

作为专业性的环保公益众筹平台，"绿动未来"环保公益众筹平台面向全国征集环保公益项目，以互联网为依托，充分利用众筹准入门槛低的特性，大大提高公众的环保参与性，对环保意识的普及与推广起到良好的促进作用。无论是产品项目、公益项目、社会实践项目，还是创意项目，每一个微小的绿色创想和绿色实践，皆可借助"绿动未来"环保公益众筹平台汇聚环保力量，实现环保梦想。随着"绿动未来"环保公益众筹平台的启动，众筹项目同步开始招募，包括签名征集护鲨行动、仁渡海洋海滩环保教育课程、"互联网＋回收"提高废纸回收利用等多个项目已入驻"绿动未来"环保公益众筹平台，在这里将众筹到项目启动的第一笔资金，赢得关注项目发展的第一批粉丝。

第六章　供应链责任

汽车产品的研发、降本增效、环境保护、质量保证等都已经不再是一个汽车企业的内部问题，而是一条很长的供应链问题。

汽车供应链是指汽车生产过程中的原材料采购、零配件生产、整车装配、整车物流、最终销售、报废品回收等一整套汽车的供应链体系。汽车行业虽然属于制造行业，但供应链有其特有的结构和特点。汽车供应链以整车厂商为供应链上的核心企业，制造商拥有制造、技术、管理等优势，能拉动上下游企业和整个供应链的运行。因此，汽车企业的社会责任不能局限于企业自身，必须要把责任延伸到产业链的上下游，采取行动促进上下游企业做好环境保护、员工权益保护等责任议题，才能最大限度地促进整个汽车行业的履责绩效。

汽车生产的产业特点决定其行业具有较长的供应链，整车企业也逐渐将供应链发展作为履责的重点。本次研究梳理国内 100 家整车企业的供应链管理工作，其中，东风汽车公司、一汽—大众汽车有限公司、日产（中国）、现代汽车集团（中国）以及比亚迪股份有限公司 5 家企业建立了完善的供应商管理体系、经销商培训体系，有效提升整个供应链的社会责任水平。

一、与供应商并肩合作，对经销商大力扶持①

——东风汽车公司

东风汽车公司高度重视供应链管理工作，将供应商作为利益相关、并肩作战

---

① 见《东风汽车公司 2015 年社会责任报告》。

的合作伙伴，与其利益共享、风险共担，通过增加交流，促进互信，形成了互惠互利的合作伙伴关系；公司将"建设高质量的经销商销售服务网络"作为经营战略目标之一，从产品、营销、服务等方面对销售网络成员予以大力扶持，促进渠道建设的良性发展。同时，公司为经销商提供全方位优质服务的制度建设，从制度上保障经销商事业健康发展。

（一）供应商管理与能力建设

旗下东风商用车有限公司以构建"安全高效、协同共赢的具有全球竞争力的绿色供应链"为使命，构建长期共赢、协同发展的供应链；践行节约环保、绿色发展的理念，以提高供应链竞争力为出发点，提升供应商的环境管理水平。

图 6 - 1

旗下东风乘用车公司不断提高新进供应商门槛，严格供应商准入评价标准，并致力于供应商能力的总体提升。

旗下东风电动车公司梳理并实施了供应商质量问题应急处理流程，从制度上保障了供应链有条不紊运转；针对供应商制造、包装过程中出现的质量问题，对供应商进行现场服务，同时确定整改措施，实时跟踪落实；有针对性地对供应商展开能力提升服务，督促供应商持续改善。

旗下东风（十堰）特种商用车有限公司针对供应商质量帮扶行动建立课题小组，每月统计供应商存在的问题并对问题进行针对性分析改善，增强供应商自觉管控质量意识，提高供应商问题分析解决能力。2015 年，底盘车一次交检合格率提高 1%。

（二）经销商管理与能力建设

旗下东风乘用车公司秉承"精确精益，持续共赢"的营销之道，携手经销商共同打造"百年东风，百年老店"，建立与经销商共生共荣的持续盈利模式。针对经销商普遍盈利能力较弱的情况，重点对专营店开展收益能力提升的专项培训与辅导；针对专营店董事长、总经理和核心团队人员，集中总部和巡回大区，开展了 13 场次的专项收益改善培训，涉及专营店 300 家，受训人员 429 人。

图 6 - 2

旗下东风本田公司在销售工作中始终坚持以特约店库存管理为中心导向，帮助库存过大的特约店将库存度调整至合理范围，以确保特约店的良性经营。2015 年，东风本田全国特约店年均提车量较 2014 年增长了 6%，其中，2010 年以后新开的特约店年平均提车量增长了 29.03%。

旗下神龙公司客户服务网络（4S 网点）注重夯实经销商网络建设，与经销商建立新型战略合作伙伴关系，帮助经销商开拓增值业务和盈利新渠道，促使经销商突破常规业务局限，在二手车、零售金融、保险、置换、延保等方面为顾客提供新的服务，让顾客得到更加优异和便捷的体验。

旗下东风裕隆公司采用区域经销商授权机制和公平、公正、公开、透明的商务政策考核机制，包含业绩达成、经销商运营管理、客户满意度管理以及年终奖励四个层面。同时，不断完善互信沟通机制，通过科学划分经销商授权区域，加强经销商与主机厂的可持续合作方式，保证东风裕隆价值链各主体合作共赢。

旗下东风小康公司以专营店能力提升为核心，以关键岗位认证和专营店辅导为主线，依托内部优秀兼职讲师队伍与外部专业三方咨询公司，立志打造一批标杆、创建一支队伍并推广成功经验。2015 年开展并完成专营店店长能力提升培训 11 期共计 400 余人次，精英销售顾问培训 35 期共计 900 余人次，为专营店营销队伍能力提升打下坚实的基础。

二、打造可持续的供应链体系①

——一汽—大众汽车有限公司

为支撑一汽—大众持续快速发展，一汽—大众致力打造可持续发展的供应链体系。在供应商关系方面，公司构建供应商全生命周期闭环管理体系，多重措施助力供应商能力提升；在经销商关系方面，一汽—大众深入推进"经销商合作发展计划"，搭建各品牌营销体系，积极开展经销商培训，助力经销商满意度不断攀升。

（一）供应商关系

一汽—大众采购战略方向实现由"业务导向型采购"向"战略导向型采购"转变。2013 年，一汽—大众开始搭建信息系统，实现对供应商全生命周期的闭环管理，包括供应商准入、供应商日常管理、供应商评价和供应商淘汰整个过程，实现整个供应商队伍的动态稳定；通过组织联合能力评审、开展供应商培训、提供专家支持等方式持续提升供应商五大能力（见图 6－3）；打造一汽—大众核心供应商队伍，建立战略合作关系，相互信任，风险共担，利益共享，共同实现可持续发展。

---

① 见《一汽—大众汽车有限公司 2012～2013 年社会责任报告》。

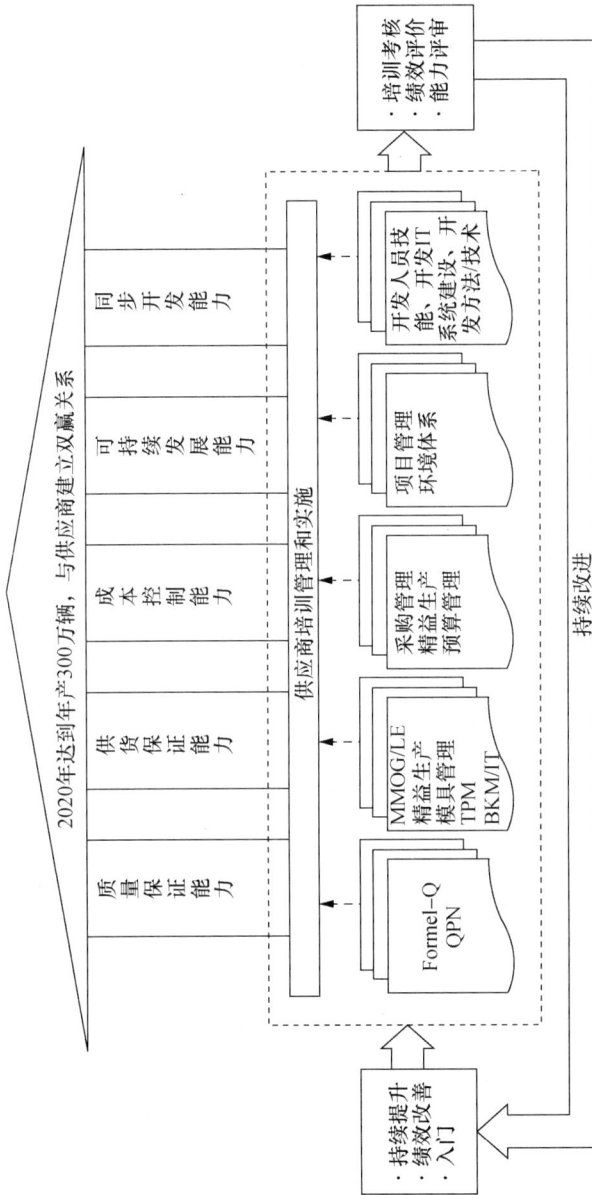

图 6 - 3 供应商管理

在一汽—大众实现整车三地四厂产能布局的同时，也致力于打造与其相适应的供应商布局。为缩短供货半径、提高反应速度、降低物流成本，一汽—大众采取多项措施鼓励供应商当地建厂。准时化 JIT 零件要求必须当地供货；供应商选择基于 B 价格从而引导供应商在当地建厂；打造一汽—大众零部件园区，帮助建厂供应商与当地政府沟通协商，获得能源等便利条件。此外，多渠道帮助当地建厂供应商提升能力，具体包括建立属地化采购室，项目阶段本部采购经理和专业采购员以轮值的方式派驻到成都和佛山工厂，与属地化采购室共同对当地厂家给予支持；批量供货后，属地化采购室持续对当地供应商给予指导和帮助。同时，一汽—大众还将培训和能力评审等资源向当地建厂供应商适当倾斜，如组织成都和佛山供应商专场培训等。

一汽—大众在采购量上同样向当地建厂供应商倾斜，数据如下：成都建厂 57 家，占成都工厂零部件总采购额的 35% 左右；佛山建厂 38 家，占佛山工厂零部件总采购额的 34% 左右。

2012～2013 年，一汽—大众继续完善和整合现有的供应商培训，搭建供应商培训体系，改善供应商绩效，持续提升五大能力。基于供应商发展不同阶段以及供应商关系定位，针对供应商能力短板开展培训，并通过培训考核、绩效评价和能力评审等多种措施确保培训效果。

（二）经销商关系

1. 营销体系

2012～2013 年，一汽—大众继续深入推进"经销商合作发展计划"，围绕网络发展规划、经销商能力提升、本部的支持与服务三个方向，深化各项工作。

网络发展规划：一汽—大众根据网络发展不同阶段的主要矛盾和特点，制定针对性的网络发展策略，追求高质量的网络覆盖。2012～2013 年，增加一级网络 250 家，截至 2013 年底一级网络总数达到 710 家，网络覆盖度行业领先。同时，一汽—大众进一步完善了差异化的网络模式，明确了包含 Mini4S 店在内的二级网络建设标准，实现科学合理的网络覆盖。

经销商能力提升：2012～2013 年，一汽—大众持续加强经销商市场活动支持，提升了经销商终端市场营销能力。持续创新融资管理模式，强化融资支持，打造了行业领先的经销商融资平台；持续提升用户满意度，创造愉悦的用户体验；推进优质高效的培训体系平台建设，为经销商提供强有力的培训支持；通过提升备件返利力度，强化了服务营销传播力度；保持商务政策框架基本稳定，坚持过程导向和激励导向的商务政策原则；持续完善经销商运营指导，实现经销商运营质量的全面提升。

本部的支持与服务：2012～2013 年，一汽—大众结合公司目标及发展方向，持续优化订单管理流程，提高了订单匹配效率与符合率，优化了整车物流流程，缩短厂家在库及在途时间，提升运输能力。一汽—大众通过强化售后服务支持，持续提升了经销商售后服务能力。通过推广应用先进设备、工具与工艺，来提升服务效率及服务质量。优化备件管理，提高备件供货及物流效率。完善索赔鉴定中心功能，加强培训，缩短索赔周期。积极推进 DSG 召回行动，维护用户权益。提前执行三包政策，彰显品牌责任，提高产品竞争力及公司品牌形象。

公司持续提升客户关系管理能力，与经销商共同推进数字化营销和 CRM 营销，构建交互式的客户关系管理。改进了经销商支持商务政策，鼓励经销商开展各类营销活动。

2. 经销商培训

一汽—大众致力于构建行业领先的培训体系，为经销商提供系统化、标准化的优质培训，不断满足经销商的能力发展需求。为此，一汽—大众坚定不移地推进培训中心的建设。2012 年 8 月，培训中心项目落地生根，首家培训中心——青岛培训中心率先进入开工建设阶段。青岛培训中心占地 2.5 万平方米，建筑面积 1.4 万平方米，功能分区包括培训区、试驾区和生活区。其中培训区由模拟展厅、模拟车间、技术培训单元、产品培训教室、IT 教室和多功能厅等多元素教室组成，面积超过 5000 平方米的试驾区，可实现直线加速、直线制动、综合性能试驾等多样化试驾培训。

截至 2013 年底，一汽—大众青岛、北京、上海培训中心相继投入使用，成都、广州、长春培训中心即将建成，覆盖全国的培训网络初见雏形。六家培训中心全部投入使用后可支撑至 2018 年 30 万人次的培训需求。培训中心的投入使用，将为经销商提供全真模拟的培训和专业的服务，必将促进经销商运营管理能力和客户满意度的持续提升。

课程体系是培训体系的重要组成部分，是培训工作有效开展的根基。2011

年，一汽—大众全面梳理、优化了经销商课程体系，系统规划了经销商重点培训岗位的培训与认证路径。2012～2013 年基于市场营销、客户关系管理、财务管理、团队管理等业务板块的培训需求，进一步优化课程体系，形成了多业务板块、多层级、立体化的体系架构，并针对重点岗位新开发了 14 门中级培训课程，培训课程达 68 门，培训覆盖 28 个岗位，新增了汽车后市场、执行力等课程；截至 2013 年底，培训课程增加到 80 门，覆盖 30 个岗位，新增了领导力、展厅现场管理等课程。2013 年，在课程体系的建设上，更加关注经销商的实际需求，开始从"灌输式"培训向"互动式"培训转变。

由于培训师是传递一汽—大众品牌、理念、知识、标准的核心力量，一汽—大众始终高度重视培训师团队的建设和发展。采取多种方式加强内部专兼职培训师的选拔和培养，并吸纳业内优秀师资。2012 年一汽—大众经销商培训体系共有 28 名专职培训师，第三方培训师 27 人，兼职培训师 49 人；到 2013 年专职培训师发展到 40 名，第三方培训师 27 名，兼职培训师 61 人。同时，一汽—大众还与 6 所高职院校合作开展"销售精英联合培养"校企合作项目，储备和培养优秀的经销商销售人员，以满足一汽—大众不断发展对高素质经销商人才的需求。

3. 经销商满意度调查

为贯彻"经销商合作发展计划"，提升大众品牌对经销商的服务与支持水平，销售公司大众品牌从 2009 年起，开展了经销商满意度调查项目。经过连续五年对经销商满意度的持续关注，大众品牌经销商满意度从 2009 年的 76.3 分提升到 2013 年的 86.4 分。同时，为了解大众品牌对经销商支持在行业内水平和核心竞争对手的优良方法，2013 年大众品牌增加了对核心竞争对手的经销商满意度调查。通过对比分析发现，大众品牌经销商满意度水平领先于核心竞争对手。

针对经销商在满意度调查中集中反馈的问题，大众品牌相关各部门制订了针对性的提升计划，并推进实施。例如，备件供应不足是近年来经销商集中反映的问题之一。通过对经销商反馈问题的分析，大众品牌发现，要提升备件供应，应着力于对备件的不规律需求问题。因此，大众品牌借鉴德国大众备件预测管理方法，提高了备件需求预测的准确度。同时，大众品牌还针对需求不规律的备件，积极、主动采取特殊建储策略，进一步提升了备件供应的准时率。

通过经销商满意度项目的不断推进，有效提升了大众品牌对经销商的服务与支持水平，促进了大众品牌市场竞争力的提升。

三、提升经营质量，注重价值链生态健康[①]

——日产（中国）

日产在华企业注重经营质量的提升和价值链的生态健康，在信任、尊重、透明的价值观指导下，与供应商和经销商建立良好稳固、平等互利的合作关系，共同实现可持续发展的目标。

（一）供应商管理

在供应商筛选、准入、管理、评估和违规处理等方面，日产在华企业以总部供应商政策为指导，制定了严格的规章制度和惩处措施，以保证供应商能够稳定地提供高品质的零部件，同时符合日产绿色环保的可持续发展理念。

供应商管理方法：日产联合雷诺制定的《雷诺—日产采购方式》，强调了与供应商分享的重要价值观并规范了供应商的业务流程。日产从 2006 年起向其所有的基本供应商发放该手册。

《雷诺—日产供应商 CSR 指导方针》

◆ 安全和质量：提供满足客户要求的产品和服务等；

◆ 人权和劳工：禁止童工和强迫劳动，遵守工作时间和劳工报酬法律等；

◆ 环境：加强环境管理，减少温室气体排放等；

◆ 合规性：遵纪守法，防止腐败等；

◆ 信息披露：与利益相关方进行公开、公平的沟通等。

---

① 见《日产（中国）投资有限公司 2015 年社会责任报告》。

日产特别强调提高价值链各个环节的环境绩效，在"日产绿色计划2016"基础上，不断修正完善《日产绿色采购指导方针》，要求其供应商遵守欧盟REACH法规和日产的基本环保原则，减少环境影响物质的使用。

日产在华企业在总部全球供应商政策基础上，建立了契合日产中国品牌战略和国情的供应商管理体系，不断优化和丰富管理方法。

供应商筛选：东风日产对参选供应商采取公平竞争、严格考核的准入政策，通过技术、品质、成本、管理体制、交货期限等方面综合考量供应商能力。

郑州日产从供应商平台搭建需求出发，对推荐的潜在供应商从技术开发、品质保证、成本管控、综合经营管理、交付等方面综合考察认证合格后报采购委员会纳入郑州日产供应商平台。新项目、国产化、变更供方等供应商的选择必须从平台内推荐。除此之外，郑州日产要求2009年5月之后引进的供应商必须具有环境/职业健康安全相关的资质证明材料（环境管理体系认证ISO14001或GB/T 24001，职业健康安全管理体系认证OHSAS18001等）。

供应商管理与评估：东风日产要求所有供应商建立环境管理体系，并会在新产品发布活动中优先考虑通过第三方环境体系认证的供应商。截至2014年底，东风日产拥有零部件供应商525家、材料供应商56家，其中94.1%通过了ISO14001或GB/T 24001环境体系认证。东风日产支持供应商开展废铝回收、加强技术研发、减少尾气排放等，鼓励其履行社会和环境责任，同时降低成本，获得收益。

宝钢作为东风日产的战略合作伙伴，一直以来积极响应东风日产对供应链的绿色要求。2011年，在东风日产的支持下，宝钢正式亮出我国钢铁行业第一份《绿色宣言》以及首批五大类产品的《环境声明》，分享环境设计理念和技术，并披露了主流产品从原料至成品发货"全周期"的环境绩效信息，实现绿色制造，强化环境管理。

郑州日产帮助供应商通过日产全球的ASES评价，获得进入日产全球供应商系统的资格。通过系列活动和培训支持，郑州日产A级供应商由2013年的10.9%提升至13%，降低成本带来收益约13973万元。此外，郑州日产持续优化供应商体系，要求所有供应商通过ISO9000、QS9000或TS16949等相关质量体系认证，并且每年由各部门根据合作现状及年度评价结果对供应商进行整合梳理，以保证供方产品和服务的高品质。同时，郑州日产面向所有供应商展开CSR培训，介绍郑州日产 CSR 理念及行动，并鼓励供应商积极履行其社会责任。

为有效协助供应商降低成本、提升能力、加强管理，2014 年，郑州日产携手多家供应商开展"客户至上，从支持供应商开始"系列主题活动，共整理实践案例 54 项，组织学习、研讨、宣贯会议 26 次，开展商务礼仪培训 1 次，挖掘改善课题 42 项，改善课题及时结案率达到 100%。

供应商违规处理：针对第三方权威机构检测出的未达到环保标准的产品，东风日产采用"零容忍"的绿色采购政策，要求相关供应商限期整改，反复检测。如在规定的期限内仍未达标者，东风日产会将其从供应商系统中彻底除去。

郑州日产通过《供方绩效评价细则》对供应商进行季度和年度的审查，如有不符合规定的供应商，将会按照《环境/职业健康安全一体化管理体系程序文件》相关改善和处理规定，通报其改善项目，跟踪落实改善结果。

（二）经销商管理

经销商管理机制：在汽车市场环境处于微增长的状态下，日产在华企业与经销商紧密合作，不断改革和完善经销商管理体系。

东风日产与所有经销商签订了《经销服务协议》与年度《商务规定》，进行统一管理。截至 2014 年 12 月，东风日产在全国共有日产、启辰品牌 4S 专营店 896 家。针对经销商的日常管理，东风日产采用地区制管理，在上海、广州、成都、北京分别成立了东区营销部、南区营销部、西区营销部、北区营销部，负责一线的督促、检验核查以及地区与总部的沟通，推动东风日产政策在经销商中的落实执行。继推出"牵引式营销"的经销商管理新思维后，2014 年，东风日产进一步深化经销商的"客户"意识，重视经销商的满意度及体验，洞察经销商需求，为其提供合作共赢、共同发展的机会。

郑州日产十分关注经销商的收益与发展。一方面，郑州日产立足于产品特点和客户的需求，结合市场差异性，建立了一整套"四化协同"的经销商销售和盈利管理体系，协助经销商加强店铺管理、店外开发等能力建设；另一方面，郑州日产采取了多项举措规范和统一经销商管理，包括导入经销商运营管理标准、日产 NSSW 标准销售服务流程体系，并通过定期的经销商会议、阶段性评先等活动，强化日产经营方法和品牌理念。

2014 年，自东风英菲尼迪建立以来，授权经销店已增加至 85 家。为打造一个健康、高效的经销商网络，东风英菲尼迪给予授权经销商多项能力支持，帮助其提升运营水平。在店铺建设方面，东风英菲尼迪推出了全新的经销店全球设计标准，对店面的零售环境和客户体验等诸多细节进行了优化和升级，并且根据不同的城市级别与市场容量，规划了多种经销店类型，以供经销商根据市场需求和消费者习惯做出最优选择。东风英菲尼迪还设立了经销商运营管理小组，关注经销商整体利润状况，协助其从成本控制角度进行新车的利润与成本管理，并设计了完整的经销商风险评价体系，每月对经销商进行风险评估，并帮助其持续改进。

经销商培训：日产（中国）组织开展经销商培训，持续提升经销商服务质量、运营水平和风险管理能力，共享收益成果。

东风日产为加强经销商服务水平和质量，针对经销商服务经理开展"服务管理培训"活动，内容涉及服务经理的角色认知、情绪管理以及服务团队的建设培养、高效执行等，并举办多场优秀案例分享和经验交流活动。该项目在 2014 年全年共开展 12 期，共培训 336 个小时，有 650 家日产店接受了培训，获得了经销商的普遍认可和肯定，包括参与培训的 225 位专营店服务经理在内的所有学员对该项目的满意度高达 97%。除此之外，面对激烈的市场竞争，东风日产在2014 年对专营店总经理共开展 7 个班次的"销售信心及士气提升"培训，共培训 56 个小时，约有 300 位专营店总经理或经理参加培训。

图 6-4 东风日产经销商培训

对于新加入销售网络的经销商，郑州日产在其建店验收前，都会组织开展"新建店培训"系列课程活动，使合作伙伴能够更加全面地了解郑州日产的企业文化、经营理念和社会责任行动。2014 年郑州日产根据新建经销商情况共开设了 2 次"新建店培训"，每次课程时长 3.5 小时，共有 25 家经销商参与。此外，为提升销售过程中的客户满意度，郑州日产在每年 3~10 月会定期开展 2~3 次面向经销商的 CHS2（客户服务标准）集中培训，从销售顾问的接待技巧到经销商展厅环境的布置等方面给予经销商具体的建议和指导，现已成为郑州日产经销商培训的常规项目。2014 年，郑州日产共开设 4 次 CHS2 培训，每次课程时长 21 小时，共吸引 61 家经销商参与。

图 6-5　郑州日产新经销商培训

英菲尼迪自进入中国以来，持续开展经销商培训，并成立了英菲尼迪网络发展部培训学院，为经销商提供连续的高质量培训服务。2014 年，英菲尼迪网络发展部培训学院制定了全新的发展战略，聚焦新经销商开业培训、产品培训、销售及售后培训与认证三个方向，全面建立培训认证体系，优化培训课程，致力于为经销商培养更多优秀的管理、销售、售后人才，巩固品牌理念，实现更高的客户满意度。全年开展多次培训，覆盖 300 余家经销商，累计培训 1250 余人次。同时，英菲尼迪网络发展部培训学院为经销商提供全面的售后服务技术培训、售后服务非技术培训以及售后产品培训，并成功举办了第二届售后服务顾问技能大赛，以"一路敢爱由我护航"为主题，展现了英菲尼迪经销商的最佳精神状态和业务技能。

图6-6 英菲尼迪经销商培训

四、与供应商共同成长，与经销商互惠共赢①
——现代汽车集团（中国）

现代汽车一直将伙伴共赢发展视为集团事业发展不可或缺的因素，集团制定"与供应商共同成长"的发展战略，积极搭建战略合作平台，加强供应链管理；同时加强经销商培训体系建设，助其能力提升，实现互惠共赢。

（一）供应商管理

现代汽车集团认为提高供应商的竞争力是提升企业核心竞争力的基础，公司制定与供应商共同成长的三大战略：培育全球竞争力、加强可持续发展基础、建

---

① 见《现代汽车（中国）投资有限公司2015年社会责任报告》。

立联合成长系统。

与供应商共同成长的三大战略

培育全球竞争力：提升供应商全球竞争力的关键在于提升产品质量、技术以及生产力。现代汽车集团为供应商提供各种方案，以提升其竞争力，为能更加高效地实现该目标，打造供应商专项支持团队。

加强可持续发展基础：供应商的业务稳定性和自给自足是其成长为全球性企业并实现可持续发展的关键。公司支持供应商发展，帮助其加强资本基础，改善基础设施，以及拓展海外业务。

建立联合成长系统：现代汽车致力于加强与供应商的合作关系，促进合作方共同成长文化的传播。公司集团通过各种不同方式，巩固与一级以及二三级供应商的合作关系。打造企业间生态系统，促进透明交易以及合作方共同成长文化的传播。

现代汽车集团设立供应商研发支持团队和供应商质量管理培训中心，在三个关键领域促进供应商成长，包括技术发展能力、质量竞争力和生产力。比如，现代汽车集团为供应商提供持续技术支持，通过举办"研发技术日"促进供应商在汽车新技术上的信息分享，同时通过和供应商共享专利权，支持供应商发展汽车技术等。

现代汽车积极促进各法人特别是生产法人落实责任采购政策，将社会责任理念融入采购流程并延伸到供应商的管理中，以整体提高产品质量，建立更具竞争力的供应商体系。通过合理和负责任的供应商管理，现代汽车集团与供应商、社会实现三方共赢。

| 对现代汽车集团 | 对供应商 | 对社会 |

——提高产品竞争力和市场占有率
——维护和优化供应商关系

——增加产品出货量，保持公司销售额和利润
——提高产品质量，加强市场竞争力
——提升管理水平，保持公司健康持续发展

——促进汽车行业发展
——为社会提供更多的工作岗位
——增加纳税

图6-7　三方共赢

表6-1　北京现代对供应商的责任管理措施

生产安全	强化供应商火灾预防意识和火灾防控能力
	推动供应商进行火灾预防培训
管理制度完善	完善招投标和供应商选定管理制度
	供应商参与及选定标准化推进
	依据国家《招标法》促进招标业务
	纪委参与重大项目招投标，进行效能监察
机构机能改善	推进供应商进行火灾预防培训
	帮助及引导供应商在质量管理水平及生产水平方面进行改善
环境保护	要求供应商通过 ISO14001 环境体系认证
	重金属适用改善
	排放标准提前达到国家要求，降低碳排放量
产品质量	国家三包政策实施前，整车质量确保工作提前开展
	通过供应商产品质量改善，提高客户质量满意度
	通过培训强化供应商提供优质产品的意识

（二）经销商管理

在加强经销商规范化运营管理的过程中，现代汽车集团（中国）注重经销商服务能力的提升，不断完善经销商培训体系，促进其更好地经营发展。

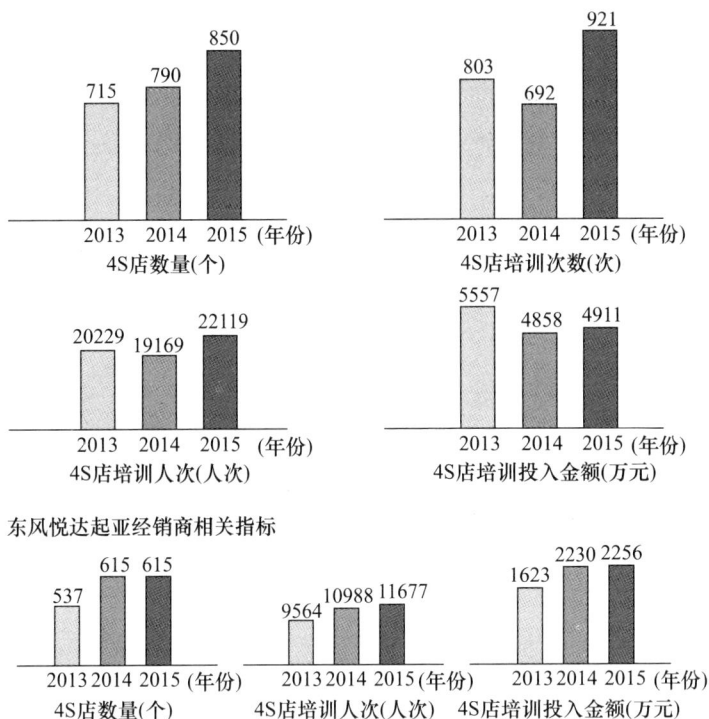

图 6-8 北京现代经销商相关指标

东风悦达起亚提升经销商业务能力

为不断提升经销商的业务能力,东风悦达起亚不断完善专营店培训体系,确保专营店人员学以致用。

有序推进的基础培训:按初、中、高三级分层级培训,建立人才梯队,通过体系化的培训设计对销售人员进行系统化的培养。

多元化的培训方式:充分利用 E-Learning 学习系统和微信学习平台,开发活泼生动的电子课程,便于员工随时随地学习;树立专营店标杆,传播优秀经销商的先进管理理念和经验,实现全体经销商经验分享和共同发展。

搭建店内转训体系:严格选拔店内种子讲师,通过系统的培养,使其具备自主开发课程及授课的能力,经销商转/内训与厂家培训相辅相成,提升店内销售人员工作水平和效率。

差异化的培训内容：针对专营店经营过程中存在的问题，安排临店辅导，对专营店进行现场诊断，有效提升专营店运营能力。

图6-9 东风悦达起亚经销商培训现场

五、开展阳光、绿色的责任采购①

——比亚迪股份有限公司

比亚迪建立了一系列的文件、标准及规章制度，对供应商的生命周期管理形成闭环，并严格按照相关要求来管理供应商。在采购环节，比亚迪始终坚持阳光采购、绿色采购的理念，确保全过程透明、环保。

为向比亚迪现有和潜在供应商传达比亚迪供应商要求、建立供应商认证和经营风险分析依据、建立供应商持续改善和开发依据，比亚迪制定了《比亚迪供应商要求》，在供应商导入时对供应商的质量管理、环境管理、职业健康安全、企业社会责任、知识产权、物料管理、生产管理等各方面提出了详细标准及要求，并且在企业社会责任模块设置了一票否决项，如违反劳动法、妇女儿童保护权益

---

① 见《比亚迪股份有限公司2015年社会责任报告》。

法，不管其他模块的分数有多高，一律判定为不通过。

为统一生产性物料供应商的开发及管理标准，规范供应商从开发导入到改善各阶段的管理，提高供应商整体绩效、保障公司业务发展的正常有序，比亚迪制定了《生产性物料供应商开发、评估及管理程序》，明确可开发供应商前提、供应商选择原则、评估和导入流程、来料品质监控、绩效考评、持续改善、供应商库管理等。为规范生产性、非生产性物料供应商资源的搜集、评价、选定、开发流程，选择出符合公司发展需要的优质供应商，以保证产品的质量，促进成本的降低以及确保货源供应的稳定，比亚迪制定了《IT 产业群生产性物料供应商开发与导入作业细则》、《汽车产业群生产性物料供应商开发与导入作业细则》、《比亚迪公司非生产性物料供应商开发与导入作业细则》，详细规定新供应商的开发时机、供应商选择标准、供应商资源收集及预审评估、供应商开发流程、供应商选定流程、合同及协议的签署等。

比亚迪为规范供应商审核的流程，指导公司审核工作，确保审核的有效性，制定了《比亚迪公司生产性物料供应商审核管理细则》、《非生产性物料供应商审核作业流程》，规定新开发供应商的审核流程、合格供应商的年度审核流程，即每年不定期对持续供货的供应商进行有效审核，审核内容包括但不限于质量体系、制程、企业社会责任、有毒有害物质管理、仓储、物流等环节。对审核不达标的供应商限期整改，整改仍不达标的供应商禁止供货。

为了有效监控供应商在质量、交期、价格、技术、服务、有害物质管理等方面的综合表现，且有效规范日常采购工作，比亚迪制定了《IT 产业群生产性物料供应商绩效考评管理细则》、《汽车产业群生产性物料供应商日常业绩考核管理细则》、《比亚迪公司非生产性物料供应商绩效考核作业细则》，规定考评范围、频次、原则、标准、流程等。绩效考评的结果根据两份文件《IT 产业群生产性物料采购配额管理规定》、《汽车产业群生产性物料供应商配套份额管理细则》对供应商的配额进行分配。为保证比亚迪所有产品满足国内外 HS 法律法规或客户 HSF 要求，达到保护人类生存环境及减轻对生态环境影响的目的，比亚迪制定了《比亚迪供应商环境管理物质标准》，并同供应商签署管理协议，明确比亚迪所使用产品的构成部件、使用材料等所含环境管理物质的可接受限值及"适用外对象"等项目以及供应商在合作中需提交的 HSF 符合性资料，如第三方检测报告、产品构成分析表、MSDS、ODC 披露表等。

（一）阳光采购

在供应链管理和采购环节，比亚迪始终秉承"阳光采购"理念，确保供应链管理和采购的全过程"公平、公开、公正"。

在供应链管理上，比亚迪首先按照 EICC 等行业标准，要求供应商建立清晰、正式的商业道德规范及商业行为准则，并将此纳入供应商导入审核标准中；通过"供应商大会"、"供应商交流会"等方式大力宣导建立和维护供应商阳光采购体系，并将供应商阳光采购政策作为重点考核项目之一，严格督促供应商建立阳光采购体系及流程。

在采购方式上，比亚迪广泛采用招标、电子密封报价、比价等多种采购方式，要求所有供应商签署《阳光合作协议》，明确双方在采购活动中阳光合作的责任和义务。《阳光合作协议》公开了投诉电话、邮箱、短信等多种投诉方式，为供应商提供了有效的申诉渠道，并将供应商也纳入到了比亚迪阳光采购的"监督员"中。

比亚迪采购处还专门成立了审查处直管部门，用以内部监管供应链管理和采购人员。比亚迪在各个工业园多处张贴投诉告示牌、公示投诉电话及邮箱等多种投诉方式，对一切违反阳光采购的行为，一经查实即给予严厉的惩罚。公司确保供应链管理和采购人员得到全员监督，促使阳光采购得到有效监察和落实。

此外，比亚迪采购处还定期收集供应商黑名单，将在采购中运用不正当手段竞争或被行政惩罚的企业列入黑名单，执行半年、两年或永久不得与公司交易的处罚。黑名单内的企业只有整改达标后，才允许其按流程导入比亚迪采购体系。

（二）绿色采购

比亚迪为节省资源、降低污染、改善环境、促进经济效益可持续发展和人文关怀，在供应链和原材料端，始终坚持绿色采购。比亚迪以总部采购处为导向，以各地区、各事业部、各工厂为主力的"绿色供应商、绿色原材料"的绿色采购体系，规范采购中的各项环境管理，确保每一个外购零部件都满足绿色环保要求。

比亚迪建立了绿色采购政策及方针，包括：在供应商管理维度发布了《比亚迪供应商要求》、《生产性物料供应商开发、评估及管理程序》、《生产性物料供应商开发与导入作业细则》、《生产性物料供应商审核管理细则》、《生产性物料供应商绩效考评作业细则》等文件，对供应商的环境物质管理提出了明确的要求及清晰的作业指引；在供应商导入阶段就介入供应的有毒有害物质的管理；在合作前所有供应商必须签署《有毒有害物质协议》和《企业社会责任协议》，并专门成立供应商绿色采购管理小组和供应商绿色采购绩效评定体系，每年定期对供应商环境保护绩效进行认真评定。

针对供应商生产经营活动中违反绿色、环保的行为，比亚迪出具环境保护失效报告，对其进行改善提升；情节特别严重的予以罚款、降低采购份额等处罚措施；情节尤其恶劣的，将被取消供货资格。在原材料零部件采购维度，比亚迪从先期样品阶段要求供应商选用环保材料，到中期试制阶段对原物料进行 dfe 调查，再到后期量产阶段监督实施来料检查，确保比亚迪的"绿色采购"方针得以落到实处。

通过对供应商和原材料的前端绿色采购控制，确保了污染、浪费不蔓延至后端，将原材料、在制品、成品统一纳入循环管理，实现了供应商、客户与比亚迪三方有机联动，真正做到了比亚迪生产经营活动中的全程绿色环保，以出色的绿色采购绩效践行了比亚迪对社会、对环境的承诺。

比亚迪每年度会核查供应商的金属来源是否符合经合组织受冲突影响和高风险地区矿产尽职供应链的尽责调查指南。公司要求每家供应商必须证明他们理解和支持 EICC - GeSI 组织行动，不会故意采购来自刚果民主共和国地区的冲突矿产；要求供应商提供证据证明其完成了 EICC - GeSI 无冲突矿产调查表，并签署不使用冲突矿产承诺书。比亚迪支持无冲突冶炼厂（CFS）等计划，以确保负责任的、可持续的原料来源。如果发现供应商的供应链包括来自冲突地区的金属，将重新评估该供应商。

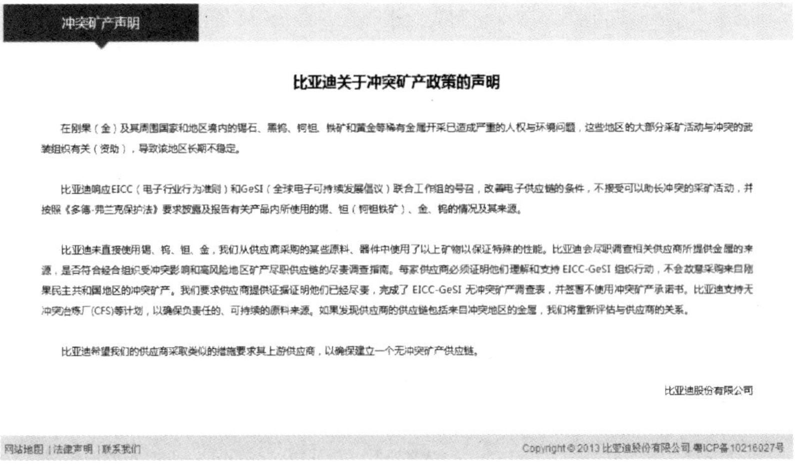

冲突矿产声明

比亚迪关于冲突矿产政策的声明

在刚果（金）及其周围国家和地区境内的锡石、黑钨、钶钽、铁矿和黄金等稀有金属开采已造成严重的人权与环境问题，这些地区的大部分采矿活动与冲突的武装组织有关（资助），导致该地区长期不稳定。

比亚迪响应EICC（电子行业行为准则）和GeSI（全球电子可持续发展倡议）联合工作组的号召，改善电子供应链的条件，不接受可以助长冲突的采矿活动，并按照《多德-弗兰克保护法》要求披露及报告有关产品内所使用的锡、钽（钶钽铁矿）、金、钨的情况及其来源。

比亚迪来直接使用锡、钨、钽、金，我们从供应商采购的某些原料、器件中使用了以上矿物以保证特殊的性能。比亚迪会尽职调查相关供应商所提供金属的来源，是否符合经合组织受冲突影响和高风险地区矿产尽职供应链的尽责调查指南。每家供应商必须证明他们理解和支持EICC-GeSI组织行动，不会故意采购来自刚果民主共和国地区的冲突矿产。我们要求供应商提供证据证明他们已经尽责，完成了EICC-GeSI无冲突矿产调查表，并签署不使用冲突矿产承诺书。比亚迪支持无冲突冶炼厂（CFS）等计划，以确保负责任的、可持续的原料来源。如果发现供应商的供应链包括来自冲突地区的金属，我们将重新评估与供应商的关系。

比亚迪希望我们的供应商采取类似的措施要求其上游供应商，以确保建立一个无冲突矿产供应链。

比亚迪股份有限公司

网站地图 | 法律声明 | 联系我们　　　　　　　　　　　　Copyright © 2013 比亚迪股份有限公司 粤ICP备10218027号

图 6 - 10

第七章　公益责任

汽车在走入千家万户的同时，也侵占了大量的土地资源，造成了城市交通的拥堵，消耗了大量的石油资源，对环境造成了污染，每年大量的车祸发生，造成了无可挽回的生命财产损失。这都是汽车产业发展带来的社会问题。这些问题有的可以通过技术手段尽量规避，但大多数在短期内无法回避。

汽车企业产生的负外部性十分明显，汽车企业的公益目标是尽量减少甚至消除负外部性，或者对负外部性做出补偿。比如在环境方面，汽车企业可以选择大规模地植树造林来补偿汽车的碳排放带来的环境污染；在交通安全方面，汽车企业应该承担起部分宣传交通安全知识的责任，培养公众良好的遵守交通规则、维护交通秩序的习惯，降低车祸发生率。

总之，汽车企业在选择公益慈善类项目时应该多支持能够消除汽车所带来的负面影响的项目，针对汽车企业发展中的负外部性做出适当的补偿。这既是汽车企业履行社会责任应有的思路，也是汽车企业在选择和实践公益慈善项目时与其他行业不同的特色。

越来越多的汽车企业选择以公益慈善的方式来弥补行业本身给社会带来的负面性，企业积极开展在环境保护、交通安全等方面的公益活动。本次研究梳理国内100家整车企业的社会公益工作，其中现代汽车集团（中国）、BMW中国、东风汽车公司、福特汽车（中国）以及浙江吉利控股集团5家企业，完善企业内部公益管理体系，打造与行业特征联系紧密的品牌公益活动，并保持多年持续开展，以爱心回馈社会。

一、携手共进的世界①

——现代汽车集团（中国）

现代汽车集团（中国）积极参与环保、慈善、体育、教育和文化等各项公益事业和活动。为了更体系化地开展公益实践，2016 年，现代汽车集团重新建立了公益活动体系，并结合中国本土化情况建立了由"Green Move 共护绿色"、"Safe Move 共建安全"、"Happy Move 共献关爱"、"Dream Move 共筑梦想"四大板块构成的社会贡献活动体系，以环境、交通、顾客、社会弱势群体为对象，开展公益实践。

Green Move

共护绿色

环境问题与气候变化是现代汽车集团一直以来关注的问题。现代汽车集团于2008年开始启动的"内蒙古盐碱干涸盆治理项目"，受到社会各界的高度认可和广泛好评。

Safe Move

共建安全

Safe Move是现代汽车集团全球性公益项目，旨在向社会普及安全知识，包括交通安全、社会安全、灾难救助等与"安全"有关的所有项目。

Happy Move

共献关爱

Happy Move主要包含现代汽车集团以志愿者，如大学生志愿者、员工志愿者，为行动主体的社会关爱活动。我们通过搭建志愿者服务平台汇聚社会力量，携手利益相关方奉献关爱。

Dream Move

共筑梦想

共同进步、铸就梦想是现代汽车集团与社会的共同期望。现代汽车集团致力于在教育、文化、体育等领域开展支持与帮扶活动，推动社会进步，助力梦想实现。

图 7 - 1　社会贡献活动体系

---

① 见《现代汽车集团（中国）投资有限公司 2015 年社会责任报告》。

社会贡献核心价值

◆ 为实现人类的幸福和社会的可持续发展做贡献。

◆ 为"亲环境"的经济活动和环境保护而努力。

◆ 具有企业公民精神,为履行社会责任而努力。

社会贡献理念任务

◆ 成为倡导汽车文化的先进企业。

◆ 通过"亲环境"的经济活动履行社会责任。

◆ 为实现人类的幸福和社会的可持续发展做贡献。

◆ 与社会大众一起,为实现社会可持续发展而努力。

◆ 为实现人类的尊严和幸福的社会价值而努力。

◆ 为满足全世界的社会需求而努力。

携手共进的世界

图 7-2

(一) Green Move——共护绿色

现代汽车集团将绿色未来作为企业最大的责任之一。自 2008 年开始,现代汽车集团以"Green Move 共护绿色"为重点展开一系列的公益活动。

"中国盐碱干湖盆治理"生态治理项目

从 2008 年 4 月开始，现代汽车集团联合环境保护组织"生态和平亚洲"共同开启"中国盐碱干湖盆治理"生态治理项目。在第 1 期"查干诺尔盐碱干湖盆治理项目"的六年时间里（2008～2013 年），为草原腹地铺上了 7.5 万亩的碱蓬、芨芨草等固沙植被，使查干诺尔湖恢复总面积达 50 平方公里的草场，成为全球范围内草地恢复面积最大的单个地区。6 年来，超过 2000 名志愿者参与到查干诺尔盐碱干湖盆治理项目中，引起了社会各界的广泛关注。

2014 年 8 月，现代汽车启动第 2 期"正蓝旗宝绍岱诺尔盐碱干湖盆治理项目"，这是现代汽车集团（中国）在查干诺尔地区治沙圆满完成后的新一轮的五年征程。

图 7 - 3

第1期查干诺尔盐碱干湖盆治理项目 (2008～2013年)

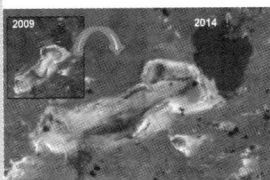

概要：治理内蒙古的盐碱干湖盆，生态修复工作

地区：内蒙古锡林郭勒盟阿巴嘎旗查干诺尔

播种植物：1年生碱蓬 (适合生长在盐碱土壤中)

项目成果：总 5000 万平方米草地覆盖

投资(仅包含直接投资)	韩国志愿者	中国志愿者	治理面积
1191万元 (韩元：22.8亿韩元)	860人	1177人	5000万平方米

中国大学生志愿者

韩国大学生志愿者

第2期正蓝旗宝绍岱诺尔盐碱干湖盆治理项目 (2014～2018年)

第2期 现代汽车生态圈项目计划 (2014～2018年)

地区：内蒙古锡林郭勒盟正蓝旗宝绍岱诺尔

播种植被：碱蓬或多年生草地植被和灌木

项目目标：总4000万平方米覆盖植被

2014年正蓝旗宝绍岱诺尔地区　　2015年干湖盆草地覆盖全景

投资(仅包含直接投资)	韩国志愿者	中国志愿者	治理面积
1545万元 (韩元：27.5亿韩元)	600人	1600人	4000万平方米

（二） Safe Move——共建安全

现代汽车集团在大力开发车辆安全性技术的同时，秉承"携手共进"和"关注儿童安全成长"的公益理念，开展交通安全知识普及活动，积极参与灾后救助，并开展一系列扩展性安全项目，提高公众的安全意识，助力儿童安全成长。

打造儿童交通安全体验馆

2014年东风悦达起亚联合盐城经济开发区共同打造儿童交通安全体验馆，在快乐体验的同时向儿童宣传交通安全知识。截至2015年12月，儿童交通安全体验馆的官网访问量达到10944次，体验馆培训量达10626人次。

儿童交通安全体验馆设置全景道路交通环境模拟、交通标识广场、3D体验室、安全碰撞教育系统、视角盲区体验、驾乘体验等项目，通过寓教于乐的方式带儿童体验项目，传递交通安全知识，培养文明交通。

安全带碰撞体验：直观感受轿车碰撞时系安全带和没系安全带的区别。

3D体验室：播放包含各种交通安全知识的3D教育短片。

交通标识广场：地板上有各种交通标志供儿童体验认知。

视觉盲区体验：在真车中体验如何正确进入巷子以及认识视角盲区。

驾乘体验：40 辆专门用于全景道路环境模拟驾驶体验的小车帮助儿童更好地了解交通规则。

图 7－4　儿童交通安全体验馆

儿童交通安全培训课

儿童交通安全培训课

安全带碰撞体验

驾乘体验

（三）Happy Move——共献关爱

现代汽车集团（中国）将志愿者作为社会贡献体系的重要组成力量，越来越多的员工、大学生以及其他利益相关方正以志愿者身份加入到现代汽车集团的行动中来，一起为社会的发展和进步做出贡献。

起亚家园房屋援建活动

"起亚家园"是 2008 年 7 月启动的帮助贫困地区援建房屋的项目。2009 年正式进入中国，至今已经连续举办 7 年，援建内容包括贫困家庭房屋改造重建、饮用水管道治理、村小学改善、器材捐赠等。

截至 2015 年，在中韩大学生和企业员工志愿者的共同努力下，项目已在四川彭州、广东从化、浙江平湖、江苏盐城、广西阳朔等地开展了 13 期活动，帮助贫困居民援建房屋 137 所，参与活动的中韩志愿者人数达到 1790 名。

"起亚家园"志愿者面试　　　　　志愿者出征仪式

志愿者参与援建活动

（四）Dream Move——共筑梦想

资源短缺是阻碍梦想实现的重要因素。现代汽车集团关注当地社区的发展和进步，通过多种方式改善落后的教育条件，支持文化、体育事业发展，让每一个人都有成就梦想的可能。

梦想之屋：为孩子们圆梦

"梦想之屋"是现代汽车集团于 2011 年启动的一项由企业、经销商、车主、媒体四方共同参与的公益活动。项目通过筹建现代汽车"梦想之屋"多功能教室，为贫困学生创造更好的学习环境，帮助他们实现人生梦想。截至目前，"梦想之屋"系列公益活动先后在全国 24 个省、市、自治区举办 34 期捐助活动。根据计划，活动逐年加大力度、扩大捐助范围，未来将在全国范围内建立 100 个现代汽车"梦想之屋"。

捐赠内容：图书5000册、多媒体教育设施、体育用品等

捐赠对象：国内教育设施较落后学校

合作单位：北京青少年发展基金会、当地青少年发展基金会

活动成果：24个地区的34所学校

- 2011年
- 2012年
- 2013年
- 2014年
- 2015年

2011~2015年支援地区

2011年4个	贵州、吉林、广西、云南
2012年8个	河南、云南(2)、吉林、江苏、山东、内蒙古、新疆
2013年8个	山西、陕西、西藏、湖南、湖北、四川、吉林(2)
2014年8个	安徽、宁夏、广东、西藏、内蒙古、黑龙江、江西、青海
2015年6个	贵州、安徽、山东、宁夏、福建、新疆

图7-5 共筑梦想

青少年工学教室

"青少年工学教室"是现代摩比斯在韩国开展的为全国小学生从小培养科技梦想而设立的社会公益活动。2014年引入中国，初期面向北京、上海、江苏等地的小学生，教授制作汽车模型。

"青少年工学教室"应用汽车科技知识，结合现代汽车集团研发的新技术，以生动形象的教学方式讲述理论知识，让小学生亲手制作产品模型，激发其对理工知识的兴趣。

北京摩比斯与北京交通大学合作在
北京地区开展"青少年工学教室"

上海摩比斯"青少年工学教室"
活动——九亭小学行记

上海摩比斯在培养汽车产业等有关领域的科学英才、为地区发展做贡献的宗旨下，于2015年11月成立志愿者团队，接受汉阳大学教授的专业化培训，前往上海九亭小学开展了第一次志愿者活动。

二、追求企业与社会长期和谐发展①

——BMW 中国

长期以来，BMW 一直致力于追求企业与社会长期和谐发展。秉承对中国社会的长期承诺，BMW 已先后在文化促进、教育支持、环境保护和企业文化建设方面取得了行业领先性的成就。BMW 的社会责任目标和博爱援助活动源源不断地辐射到社会的各个角落，在为社会创造巨大利益的同时，也赢得了社会各界的广泛认同和好评。

（一）文化交流与社会融合——文化之旅

BMW 于 2007 年正式发起"BMW 中国文化之旅"系列活动，秉承"保护文化遗产，守护精神家园"的庄严承诺，旨在保护和传承中国非物质文化遗产，积极向公众普及文化遗产保护知识，唤起公众对文化遗产保护的关注和自觉意识。通过与中国艺术研究院达成战略合作，"BMW 中国文化之旅"开启了企业参与非物质文化遗产保护的创新模式。

中华人民共和国文化部直属的非物质文化遗产保护最高权威机构——中国艺术研究院在北京举办了第三届"中华非物质文化遗产传承人薪传奖"颁奖仪式，并首次颁发了"中华非物质文化遗产保护贡献奖"，BMW 以其在中国非物质文化遗产保护领域所做出的长期突出贡献荣膺这一国家级殊荣，也是汽车行业唯一一家获得此荣誉的企业。

"BMW 中国文化之旅"作为中国汽车行业中首个，也是唯一一个长期关注非物质文化遗产保护的企业社会责任项目，在过去九年间已经先后探访了中国 21 个省及直辖市的近 250 项非物质文化遗产项目，并对沿途 90 项亟待保护的非物质文化遗产项目和研究课题给予了资金支持，捐赠总额超过 1600 万元，以实际行动践行"保护中国传统文化、促进跨文化理解与社会包容"这一长期承诺。

①　见 BMW 中国、华晨宝马官方网站。

2015 年，"BMW 中国文化之旅"时隔八年再次来到了陕西，对这片古老大地上的文化瑰宝进行深入探寻，并与车队成员一起群策群力、共同探索保护传统文化的全新发展路径。

在 2015 年的文化之旅中，BMW 围绕如何助推"非遗"活态传承、实现"非遗"可持续发展做出了全新尝试。BMW 邀请了艺术家、创业家、企业家、文化知名人士等加入探访车队，共同为"非遗"发声，进一步提升"非遗"项目的社会影响力；发布了"BMW 中国文化之旅"官方微信互动平台，通过线上趣味互动拉近公众与"非遗"的距离，吸引更多的人群加入到"非遗"保护的行动中；尝试从"授之以鱼"到"授之以渔"的改变，汇聚社会各界力量参与其中，挖掘非物质文化遗产在现代社会的独特价值，探索对其中具有品牌效应和市场前景的重点项目进行生产性保护的可行性方案，助力"非遗"传承与创新的可持续发展。

图 7 – 6　BMW 中国文化之旅

（二）教育支持——儿童安全交通训练营

儿童的安全依赖成年人的正确引导和保护，这是 BMW 长期开展儿童交通安全训练营项目的初衷。作为 BMW 企业公民战略的核心项目，BMW 儿童交通安全训练营一直秉承互动教学的理念普及安全知识。孩子们的欢笑与成长正是对训练营十年努力的最好回报与嘉奖，也恰好诠释出"BMW之悦"的品牌理念。

BMW儿童交通安全训练营已经连续开展了11年，已经成为BMW最核心的企业社会责任项目之一。从2005年启动至今，BMW一直通过BMW儿童交通安全训练营项目，培养中国儿童的交通安全意识。截至目前，BMW儿童交通安全训练营已走过63个城市，让37万名儿童直接受益。值得一提的是，BMW从2010年就开始与教育部合作发放《BMW小学生交通安全读本》，至今已超过26万册。

2015年是BMW儿童交通安全训练营迈入新十年的第一年，活动超越以往训练营的模式，通过更加创新的教育模式和多元化平台，覆盖更多人群。2015BMW儿童交通安全训练营以"悦行童年　安安相伴"为主题，从北京开始，陆续在上海、成都、沈阳、广州共五座城市开营。2015年，在保留历来非常受欢迎的"童悦驾校"、"安安神奇影院"、"安安汽车工厂"、"安安急救中心"、"童悦少年学院"等经典主题场馆之外，训练营还全新推出了旨在培养更多安全方面专业人士的TTT（Train the Trainer）项目，强化对家长的安全教育。同时，为了让经济欠发达地区的儿童同样得到安全方面的教育和培训，2015BMW儿童交通安全训练营还带着以安全为主题的3D电影《安安奇妙历险记》，走进北京、上海、成都、沈阳、杭州和广州六个城市的BMW童悦之家，让那里的孩子们也能够在快乐中接受全面专业的安全教育。此外，全新升级的BMW儿童交通安全APP也与大家正式见面，通过更丰富的安全教育内容和更广泛的教育互动平台，惠及更多人群。

图7-7　儿童交通安全训练营

三、弘扬社会美德，奉献东风爱心①

——东风汽车公司

东风汽车公司建立以"弘扬社会美德，奉献东风爱心，倾力公益事业，促进社会和谐"为宗旨的东风公益基金会，并制定完善的基金会管理体系，以基金会作为执行平台，提供资金支持，开展多项公益扶贫活动以及文化传播活动，打造"润楚工程"、"润苗行动"、"益路平安"等品牌公益项目。

图7-8 东风公益基金会

2012年，经国家民政部批准，东风汽车公司筹建成立"东风公益基金会"。该基金会为非公募基金会，注册资金为5000万元，主要为公司"润"计划中公益项目实施提供执行平台和资金支持。2015年，东风公益基金会年初余额为5343.19万元，全年收入1322.86万元，全年支出1043.88万元，年末余额为5622.17万元。

东风公益基金会是东风汽车公司根据社会责任"润"计划的整体部署，为履行社会公益责任而搭建的"大东风"公益协同实施、支撑平台。其宗旨是：弘扬社会美德，奉献东风爱心，倾力公益事业，促进社会和谐。

东风公益基金会结合东风公司及基金会的各项管理章程、制度，制定了《东

---

① 见《东风汽车公司2014~2015年社会责任报告》。

风公益基金会基金管理办法》。2015 年 3 月，基金会对该办法进行了修订和完善；11 月，东风公益基金会 2014 年业务开展情况通过国家民政部审计，基金会总体运作情况良好，各项业务均按照业务范围开展，无违规事项。

对口援藏十三年：从 2002 年年始，按照中央对口支援西藏工作相关工作部署，东风汽车公司对口西藏昌都市贡觉县开展援藏工作。东风专门成立以集团主要领导牵头的援藏工作领导小组，不断推进援藏工作开展。十三年来，累计投入资金 7000 余万元，实施项目 59 个，援助工作从单纯的项目建设、改善硬件向教育、医疗、文化、产业、智力等全方位、多角度的支援转变，为贡觉县经济社会发展做出了积极贡献。

➤ 产业援藏促进经济社会和谐发展：多年来，东风通过不断努力，开创了西藏贡觉县产业援建的先河，实现了从"输血"到"造血"的援藏模式的转变，为央企创新援藏提供了借鉴。在援藏项目选择上，公司充分结合当地实际，挖掘县域经济发展潜力，推动了贡觉县社会经济的持续健康发展。

图 7-9

➤ 医疗援藏成为东风援藏特色名片：东风是央企唯一一家开展医疗援藏的企业。2003 年以来，东风汽车公司先后组织八批共 30 余名技术精湛的医务人员赴贡觉县开展医疗援藏服务，促进当地医院科室建设；并坚持为当地医院开展临床教学和技能培训，为贡觉县培养急需的医疗人才和后备力量。

图 7 - 10　医疗援藏

➢ 文化教育援藏开启文明与希望之路："十二五"援藏期间，东风公司通过开展医疗技术培训、艺术团培训、乡镇干部培训、职业教育培训等，不断为贡觉县培育优秀人才。同时，东风还与贡觉县政府共同出资成立贡觉县"东风润苗"教育基金，建立贫困大学生、高中生助学金计划，让孩子们对未来有了更多期待。2014年"东风润苗"教育基金首次发放20万元，共资助大学新生和内地西藏高中班学生38人（见图7 - 11）。

➢ 基础设施建设打造祖国最西方的"东风城"：公司先后为贡觉捐建县委综合办公楼、东风宾馆、东风和谐广场等基础设施，并为全县十二个乡镇购置了办公设施，援建了相皮乡曲日玛、莫洛镇夏日东风示范村等项目。东风的援藏项目直接改善了贡觉县城和乡镇的基础设施，美化了环境，方便了群众，提高了当地生活水平，促进了民族团结。

图7-11 "东风润苗"助学金发放仪式

图7-12 东风宾馆

扎实推进援疆工作：东风对口援建新疆柯坪县的项目于2013年正式启动，截至目前投入货币资金和财产物资共计400余万元。2015年，公司捐赠两台东风风尚客车，支持柯坪县公共交通事业发展，捐赠两台风神 AX7，改善基层政府用车情况；在基础设施援建方面，捐资援建文化大礼堂、庭院经济建设和村级基层阵地。其中，文化礼堂已经成为村民文化娱乐活动中心；庭院经济建设为每户建造了一座 60 平方米的葡萄架，实现农民增收，改善农村环境。目前，各对口项目均已顺利验收并投入使用。

图 7 – 13　捐赠仪式

开展对口援桂工作：自 2013 年启动对口帮扶广西马山县工作以来，东风汽车公司已累计向马山县投资援建资金近 200 万元，通过捐赠环卫车、援建文化活动室、修建饮水工程等改善百姓生活，推动地方发展。2015 年，东风汽车公司制订《帮扶马山县开展"百县万村"活动实施方案（2015～2017 年)》，投入资金支持马山县立新村外托屯骑行道路沙石建设和村委会办公场所外围改善，并响应国资委号召，联合中国残疾人福利基金会援建马山县残疾人康复站。9 月 16 日，东风汽车公司首批援桂干部前往马山县白山镇立新村任职第一党委书记。至此，东风对口援桂工作步入新阶段。

图 7 – 14　援建交流会议

　　润楚工程：东风汽车公司以"润楚工程"为载体，对口恩施市、五峰县开展"616 工程"，对口宜昌兴山县开展"支援三峡库区移民"工程，对口十堰房县开展"社会主义新农村建设"工程，对口丹江口市开展"脱贫奔小康"试点工作，促进了湖北省贫困地区经济文化发展。

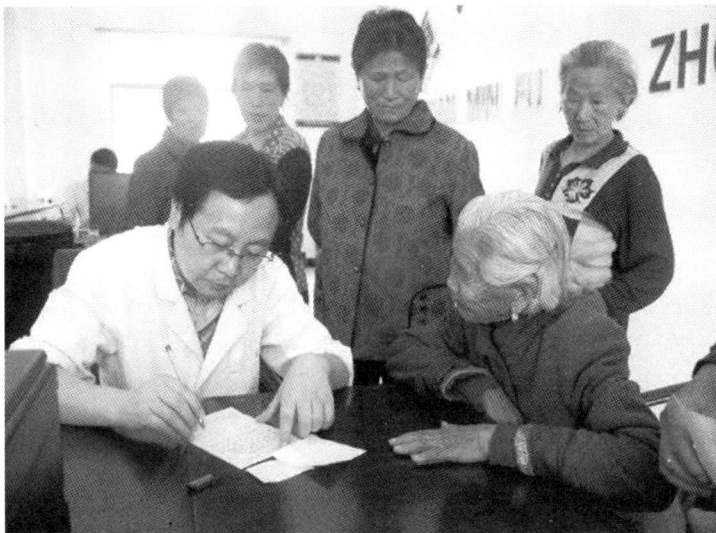

图 7 – 15　医疗援助

润苗行动：2013年5月6日，公司启动"湖北希望工程东风润苗行动"。该行动计划与湖北省青少年发展基金会合作，投入资金1200万元，在湖北省内贫困山区、革命老区、少数民族等地区，援建12所"东风希望小学"，资助至少5000名贫困生完成小学阶段教育，具体从"衣、食、住、行、学"五方面实施援建。

图7-16 东风润苗行动

2015 年 9 月 10 日，公司旗下神龙汽车公司向宜昌市兴山县昭君镇中心小学捐赠 100 万元爱心款，援建该校基础设施建设，标志着"东风润苗行动"第二期援建正式启动。未来两年内，公司计划在湖北省红安、十堰、兴山、英山援建第二批、共 6 所"东风希望小学"。

图 7 - 17　希望小学捐赠仪式

2014 年，东风润苗行动走出湖北，在地震灾区四川雅安芦山县和云南鲁甸共援建 3 所"东风希望小学"。位于雅安芦山地震灾区的东风本田希望小学已于 2015 年 10 月 16 日竣工。该小学占地面积 1600 平方米，共两层教学楼，可容纳百余名学生就读。

（一）发布《中国汽车公民文明公约》

2014 年 6 月 5 日，东风汽车公司、东风公益基金会联合中国道路交通安全协会、中国汽车文化促进会发布《中国汽车公民文明公约》。公约以"和之道，畅未来"为行动理想，以"尊重生命、合理使用、宽容有序、持续发展"为文明指引，号召每一位驾驶者与行人用点滴行动汇聚成文明与变革的力量，润浸汽车文化，促进文明汽车社会发展。

图 7 – 18 东风希望小学

同时，东风汽车公司联合下属企业，通过报纸、户外路牌广告、4S 店终端广告、网络/平面媒体以及网络自媒体平台全方位推广、传播公约，帮助广大汽车公民了解公约、认同公约，从而身体力行践行公约。

（二）"益路平安"爱心大行动

"益路平安"东风爱心大行动以"触发爱心、传播文明"为出发点，鼓励爱心人士承诺、传播、践行《中国汽车公民文明公约》。活动共吸引 80 万爱心人士参与，东风公益基金会连同广大东风爱心员工捐助 169 万余元。

活动一方面号召爱心人士传播文明、奉献爱心，帮助在不文明出行引发的交通事故中致残的儿童站起来；另一方面又通过这些受伤害儿童的遭遇，为驾驶者、行人敲响警钟，让更多的人关注到出行安全、出行文明，让更多的人自觉践行《中国汽车公民文明公约》精神，真正做到了在为伤残儿童们点亮希望之光的同时，佑护更多的孩子们"益路平安"。

2015 年 4 月，"益路平安"东风爱心大行动所救助的因交通事故而致残的 3 名儿童在民政部国家康复辅具研究中心成功接受义肢安装，康复出院。至此，"益路平安"项目第一批救助行动圆满结束。

中国汽车公民文明公约

在中国，汽车社会已然形成，"和之道 畅未来"是我们对中国汽车社会的殷殷期盼。文明的汽车社会需要文明的汽车公民，作为交通的参与者，我们将以"尊重生命 合理使用 宽容有序 持续发展"为文明指引，为实现人、车、社会、自然和谐共处的美好愿景而尽一己之力！

为此，我们郑重承诺：

01 遵守交通规则，维护交通秩序。
以交规为准绳，时刻约束自己的驾驶行为。不酒驾、不超速、不随意变道、不占用应急车道、开车不打电话、上车就系安全带，摒弃交通陋习、养成良好驾驶习惯。

02 注重出行安全，时刻以人为本。
以安全出行为最高准则，时刻将自己与他人的生命安全放在心上。驾驶者路遇斑马线，减速、缓停、不抢行；行人出行严格遵循交通信号指示、不跨越交通隔离设施，为自己的生命护航。

03 文明驾驶，共建和悦行车环境。
视同驾者为伙伴、兄妹，不斗气、不飙车，宽容礼让、快乐驾驶；不占用非机动车道、不随意停靠，为他人保留出行空间。

04 合理规划车辆用途、释放道路资源。
平衡使用私家车与公共交通工具，用张弛有度的智慧，缓和交通压力，力争道路畅达。

05 节约能源，净善环境。
励行节约，养成绿色驾驶习惯，让能源消耗慢一点；关注并使用节能与新能源汽车，推动环境友好！

联合发布单位：东风汽车公司 东风公益基金会 中国道路交通安全协会 中国汽车文化促进会

图 7-19 中国汽车文明公约

图 7 - 20

（三）"东风梦想车"大赛

图 7 - 21

"东风梦想车"中国青年环保汽车创意设计大赛，是发掘中国汽车专业技术人才、助力当代青年实现"汽车梦"的专业平台；通过面向全国高校学子公开征集环保汽车创意设计作品，公平、公正选拔，评选出代表中国环保汽车发展方向的"东风梦想车"大奖。东风汽车公司为梦想点燃引擎，构建"人、车、自然、社会"的和谐，履行汽车企业应尽的社会责任。

➤ 启动：2014 年 5 月 7 日，"东风梦想车"大赛在清华大学正式启动。大赛特设 100 万元奖励基金在各阶段支持优秀团队的"创绿行动"，其中"东风梦想车"大奖将获 20 万元创意基金。2014 年 5 月 7～15 日，东风公司技术专家走进清华大学、北京理工大学、吉林大学、华南理工大学、武汉理工大学等全国 10 所著名高校开展大赛宣讲，寻找"东风梦想车"创意设计师。截至 6 月 13 日，共有 220 支团队完成参赛报名，参赛团队覆盖 51 所院校。

➤ 初赛：2014 年 9 月 13 日，"东风梦想车"大赛初赛评选工作在东风公司总部进行。共有来自 37 所高校、111 支参赛队的 140 余件有效作品参加此次评选。经过严格的层层筛选，最终 46 件作品崭露头角，成功入围复赛，并分别获得课题奖励基金 5000 元。

➢ 复赛：2014 年 10 月 19 日，十强作品脱颖而出，分别来自清华大学、合肥工业大学、吉林大学、武汉理工大学等 9 所高校。10 强作品团队分别获得课题奖励基金 35000 元。

➢ 飞升训练：2014 年 10 月 31 日至 11 月 3 日，在为期 4 天的"飞升训练"中，十强作品团队与资深专家深入沟通交流，促进作品的创意优化与技术提升。5 位资深专家分别从整车、造型、新能源、智能化、材料 5 个方面对十强作品进行一对一辅导。东风公司对十强作品选手组织人力座谈会，5 名选手顺利加入到"东风大家庭"。

➢ 决赛：2015 年 1 月 30 日，举行大赛小组赛，从十强作品中决选出四强作品。1 月 31 日，经过四强 PK "东风梦想车"大奖正式诞生，并评选出各单项奖项。

图 7 - 22　环保汽车创意设计大赛

四、开展可持续的公益，铸造更美好的世界①

——福特汽车（中国）

福特汽车持续关注公益事业，在环境保护、道路安全、社区关爱等公益领域开展丰富的活动，公司的"福特汽车环保奖"评比活动已持续开展 30 余年，在世界多个国家的环保人士中都产生了积极的正面效应，此外，公司铸造了"Level Up! 绿色晋级"计划、"安全节能驾驶训练营"、"全球关爱周"等多个品牌公益项目。

（一）"福特汽车环保奖"

"福特汽车环保奖"是由福特汽车发起的环保奖项评选活动，是福特"更美好的世界"公益项目的重要组成部分。奖项始于 1983 年，其宗旨是鼓励各阶层人士积极参与保护本地环境和自然资源，现已成为世界上规模最大的环保奖评比活动之一，参与者遍及全球五大洲的 62 个国家和地区。2000 年，"福特汽车环保奖"首次进入中国，十几年来，"福特汽车环保奖"在中国累计资助 354 个优秀环保团体和个人，授予奖金 1810 万元。2015 年，"福特汽车环保奖"总奖金额度为 200 万元，下设"自然环境保护—先锋奖"、"自然环境保护—传播奖"、和"社区实践奖"。2015 年，"福特汽车环保奖"将主题设定为"联合行动，共同治理"，鼓励民间环保力量、企业、政府针对环保领域的同一议题，在同一目标下实现跨界合作。

➢ 自然环境保护—先锋奖（总奖金额 93 万元，共 9 个奖项）：旨在鼓励那些在促进生态建设、自然资源的保护与合理利用、节能减排、污染防治等可持续发展方面做出重大贡献的个人或集体项目。本奖项要求项目已经实质性地开展至少一年以上的工作。

➢ 自然环境保护—传播奖（总奖金额 46 万元，共 9 个奖项）：旨在鼓励那些

---

① 见《福特汽车（中国）有限公司 2014～2015 年社会责任报告》。

以提高公众环境意识为目标，通过教育、宣传、倡导等创新方式促进公众行为或习惯的积极转变，并有实际成效的个人或集体项目。本奖项要求项目已经实质性地开展至少一年以上的工作。

➢ 社区实践奖（总奖金额43万元，共10个奖项）：旨在鼓励那些为了更好地社区环境，积极动员公众参与社区环境保护，推动环保行动在社区落地的个人或集体项目。"社区"主要指具有共同联系的群体集中居住的村落、乡镇、城市大型居民区等相对固定的区域（不包含互联网虚拟社区），本奖项注重"参与"和"实践"的体现，要求项目在具体社区（一个或多个）中已经实质性地开展至少半年以上的工作，并取得初步的实践成果。

图7-23　颁奖典礼

（二）"Level Up! 绿色晋级"计划

"Level Up! 绿色晋级"计划由福特中国发起，为中国的环保NGO提供能力建设培训，旨在提高环保从业者的专业素养，推动环保的可持续发展。2015年，"Level Up！绿色晋级"计划包括五大子项目：环保社创训练营、环保公益项目与机构孵化、项目管理与创新培训、O2O学习网络及导师计划，为处于相应阶段的环保NGO提供有针对性、目标明确的支持与服务。此外，"绿色晋级"计划还将为环保NGO提供线上课程学习、交流互动及线下培训与主题交流。线上线下的结合将为更多环保从业人员服务，让更多环保NGO受益，协力创造一个更美好的世界。

2012～2014年，福特中国在"绿色晋级"计划中累计投入526万元，"绿色晋级"为300余家环保组织提供了能力建设培训，共有来自全国18个省市自治区的1500余名环保人士参与了"绿色晋级"计划。

图7-24 "绿色晋级"计划

（三） 福特安全节能驾驶训练营

"福特安全节能驾驶训练营"是福特汽车在全球开展的一项公益活动，在标准的驾校学车培训之外，免费给新驾驶员传授安全驾驶和节省油耗的技能和窍门。

该项目是自 2009 年在中国推出的培训课程，特别结合了中国的驾驶环境、道路状况及驾驶习惯，以课堂教学和道路驾驶相结合的形式，向驾驶者倡导注重道路安全和环境影响的驾驶理念，同时传授实用的驾驶技巧，以提高驾乘安全，节省燃油，降低排放。

福特汽车为各年龄层次的驾驶者提供安全节能驾驶的培训。2009 年，福特汽车在中国市场推出专为中国驾驶者设计的免费培训，结合课程教学与真实路况指导驾驶。2014 年，长安福特安全节能驾驶训练营深入全国各大高校，为广大学生提供安全节能驾驶技巧的免费培训。

图 7 – 25　安全驾驶培训

（四）福特全球关爱周

2012 年 9 月，福特汽车公司再次启动了一年一度的"福特全球关爱周"，数千名员工志愿者积极投身于世界各地的众多社区服务项目中，为创造一个更加美好的世界贡献力量。

在中国，共有包括福特中国、福特汽车金融、福特汽车工程研究（南京）有限公司在内的 691 名福特在华员工策划并参与了 8 个社区服务项目，总计贡献志愿服务时间 3346 个小时，用实际行动积极投身到社区志愿服务中，以各种形式表达对身边社区的关爱。

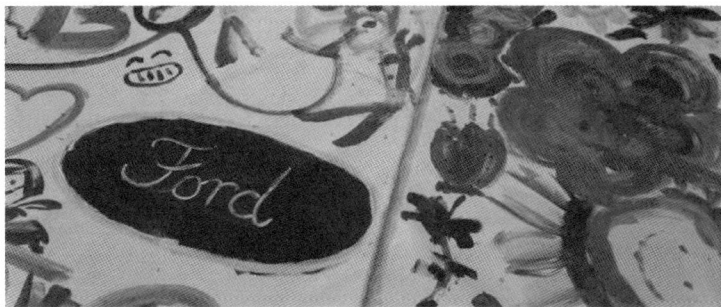

图 7 - 26

五、聚焦教育环保，让世界感受爱①

——浙江吉利控股集团

　　吉利集团的公益体系以"让世界感受爱"为公益价值主张，将教育与环保作为公益聚焦领域，同时辐射文化传播、扶贫赈灾和弱势帮扶三个公益议题，以解决真实的社会问题、实现社区融合、推动吉利人深度参与、探索可持续的公益模式作为四大公益原则。

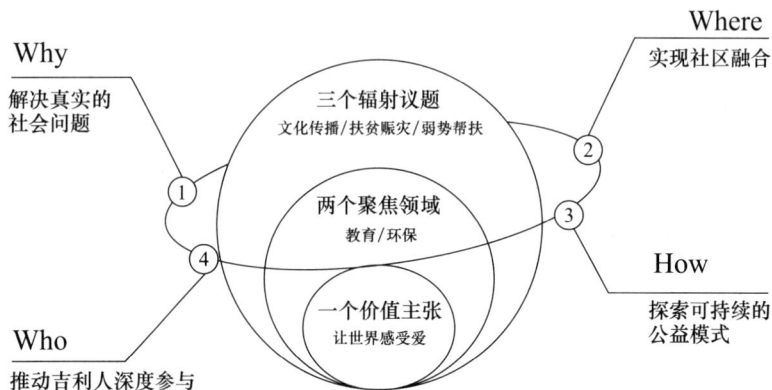

图 7 - 27　吉利公益体系模型

---

① 见《浙江吉利控股集团 2015 年社会责任报告》。

（一）支持教育

吉利集团着眼于为集团未来发展提供创新型的人才储备以及为国家培养更多汽车行业的人才，积极推进教育产业的发展，出资创办北京吉利学院、湖南吉利汽车职业技术学院、三亚学院、三亚理工职业学院以及浙江汽车工程学院等多所院校。2015年，吉利集团旗下各院校共毕业8469人，实现平均就业率93.1%。为汽车行业输送大批实用新型人才的同时，企业办学的模式也为其他行业的人才培养提供有益的借鉴。

吉利集团在教育改革的路上不断摸索，以"产教协同"思想为中心，形成大专、本科、硕士、博士和博士后等多层次的人才培养链条，从基础的职业教育延伸到实践型的研究生培养。各个院校结合自身发展和社会需求灵活开设专业，逐步形成具有吉利特色的人才培养模式。以湖南吉利汽车职业技术学院为例，从建校开始，就重视发挥企业在职业教育方面的作用，并形成了企业参与人才培养全过程的教育模式，吉利集团全方位参与学院的专业设置、课程体系、培养标准、课堂教学、师生实践、就业安排等，使培养出来的学生与企业"无缝对接"。同时，各个院校也非常注重国内外办学交流与合作，通过公益活动、技能竞赛、创业辅导等形式，为学生提供了全方位的发展平台，在人才培养方面取得了与显著成果。

（二）困难帮扶

HOPE 绿跑道

"吉利HOPE"公益行动于2014年正式启动，该行动是以关注贫困地区少年儿童身体素质的改善为出发点，推动体育教育在贫困地区校园回归为目的的公益行动。项目目标在于激发孩子们参与体育运动的热情，并培养孩子们积极进取、团结拼搏的精神。

2015年，项目走进陕西、贵州、宁夏、湖北和广东省的5所小学，捐赠体育基础设施器材，并带去一周的专业体育支教课程，以及一场HOPE运动会。共有44名志愿者参与体育支教，超过100名集团相关方志愿者参与HOPE运动会。同时，2015年，集团尝试在"腾讯乐捐"平台发起"为爱担当 运动鞋在飞"的公众筹款活动。316位爱心人士参与捐款，捐款金额为24912.35元，为项目募集更多运作资金的同时，进一步扩大项目的影响力。

为了更有效地利用公益资源，吉利集团于2015年邀请第三方对项目进行评估，并积极收集各参与方的反馈，校长、老师、学生、志愿者以及车主等利益相关方都对项目表示了肯定和支持，并期待2016年的项目能够取得更大突破。

携手"韩红爱心·百人援贵"公益行

"韩红爱心·百人援贵"公益行动于2015年8月12日正式启动，吉利集团为本次公益行动捐助30辆吉利SUV作为医疗巡诊专用车，帮助贵州地区改善当地医疗条件，并提供全程车辆保障。这是吉利汽车第三次携手"韩红爱心慈善基金会"开展百人医疗援助系列行动，共捐赠75辆吉利SUV作为西部偏远地区医疗巡诊专用车辆。

此外，集团还组织当地经销商，号召车主共同组成"援贵爱心团"，参与到韩红爱心慈善基金"百人援贵"公益活动中，开启历时近20天的爱心公益之旅。

（三）社区共建

吉利集团作为一个具有"造血"能力的企业，不断尝试通过适当的方式把经营利润中的一部分回馈给所在的社区，广泛调动集团拥有的资金、人力、产品或服务为社区提供帮助，共同建设和谐的社区环境。

吉利集团多年来主动参与社区共建，利用自身的产品和技术优势扶持社区文化教育事业和社会公益事业，定期将汽车检测、法律咨询、免费理发等服务带进社区，形成与各社区的良性互动，逐步实现社区和企业的共同发展。

附　录

附录一 汽车企业社会责任发展指数（2016）

单位：分

2016 年排名	企业名称	企业性质	品牌所属地	责任管理	市场责任	社会责任	环境责任	综合得分	星级
★★★★★ （3 家）									
1	现代汽车（中国）投资有限公司	外资	韩国	92.5	63.3	100	100	87.5	★★★★★
2	东风汽车公司	国有	中国	85.0	78.3	92.5	87.0	85.5	★★★★★
3	中国第一汽车集团公司	国有	中国	80.0	80.0	80.0	81.0	80.2	★★★★★
★★★★ （7 家）									
4	上海汽车集团股份有限公司	国有	中国	77.5	80.0	77.5	78.0	78.4	★★★★
5	安徽江淮汽车集团有限公司	国有	中国	62.5	90.0	87.5	64.0	78.1	★★★★
6	浙江吉利控股集团有限公司	民营	中国	92.5	86.7	65.0	45.0	72.6	★★★★
7	比亚迪股份有限公司	民营	中国	75.0	86.7	72.5	36.0	69.2	★★★★
8	丰田汽车（中国）投资有限公司	外资	日本	65.0	53.3	72.5	68.0	64.3	★★★★
9	广州汽车集团股份有限公司	国有	中国	70.0	88.3	67.5	14.0	62.5	★★★★
10	日产（中国）投资有限公司	外资	日本	52.5	66.7	70.0	55.0	62.2	★★★★
★★★ （10 家）									
11	上汽大众汽车有限公司	合资	德国	65.0	46.7	70.0	46.0	56.7	★★★
12	重庆长安汽车股份有限公司	国有	中国	42.5	78.3	52.5	23.0	51.8	★★★
13	华晨宝马汽车有限公司	合资	德国	62.5	33.3	67.5	45.0	51.3	★★★
14	东风本田汽车有限公司	合资	日本	62.5	68.3	37.5	32.0	50.5	★★★
15	江铃汽车股份有限公司	合资	美国	57.5	50.0	57.5	31.0	49.4	★★★
16	郑州宇通集团有限公司	民营	中国	37.5	76.7	55.0	9.0	47.9	★★★
17	一汽—大众汽车有限公司	合资	德国	42.5	41.7	62.5	36.0	46.4	★★★
18	长城汽车股份有限公司	民营	中国	27.5	63.3	47.5	27.0	43.7	★★★

续表

2016年排名	企业名称	企业性质	品牌所属地	责任管理	市场责任	社会责任	环境责任	综合得分	星级
★★★（10家）									
18	本田中国投资有限公司	外资	日本	75.0	20.0	45.0	46.0	43.7	★★★
20	厦门金龙汽车集团股份有限公司	国有	中国	10.0	45.0	57.5	50.0	42.6	★★★
★★（10家）									
21	广汽丰田汽车有限公司	合资	日本	32.5	23.3	52.5	50.0	39.2	★★
22	北汽福田汽车股份有限公司	国有	中国	37.5	28.3	42.5	50.0	38.9	★★
23	中国长安汽车集团股份有限公司	国有	中国	10.0	38.3	45.0	41.0	35.1	★★
24	东风裕隆汽车有限公司	合资	中国	0	26.7	52.5	32.0	29.7	★★
25	福特汽车（中国）有限公司	外资	美国	27.5	45.0	10.0	32.0	28.8	★★
26	神龙汽车有限公司	合资	法国	25.0	23.3	17.5	36.0	24.8	★★
27	天津一汽夏利汽车股份有限公司	国有	中国	10.0	46.7	22.5	9.0	24.3	★★
27	北京汽车集团有限公司	国有	中国	15.0	40.0	15.0	23.0	24.3	★★
29	山东时风（集团）有限责任公司	民营	中国	0	33.3	37.5	0	20.5	★★
30	陕西汽车控股集团有限公司	国有	中国	27.5	16.7	27.5	9.0	20.2	★★
★（70家）									
31	华泰汽车集团	民营	中国	10.0	16.7	30.0	14.0	18.5	★
32	广州汽车集团乘用车有限公司	国有	中国	10.0	36.7	7.5	9.0	17.1	★
33	通用汽车（中国）	外资	美国	10.0	18.3	15.0	23.0	16.8	★
34	青年汽车集团	民营	英国	0	21.7	25.0	14.0	16.6	★
35	潍柴（重庆）汽车有限公司	国有	中国	10.0	20.0	22.5	9.0	16.3	★
36	长安马自达汽车有限公司	合资	日本	0	31.7	15.0	9.0	15.7	★
37	大众汽车集团（中国）	外资	德国	10.0	3.3	22.5	27.0	15.2	★
38	宝马（中国）	外资	德国	10.0	10.0	7.5	36.0	15.0	★
39	东风柳州汽车有限公司	国有	中国	10.0	16.7	27.5	0	14.7	★
40	郑州日产汽车有限公司	合资	日本	10.0	23.3	12.5	9.0	14.5	★
41	沃尔沃（中国）投资有限公司	外资	瑞典	25.0	16.7	15.0	0	14.2	★
42	华晨汽车集团控股有限公司	国有	中国	0	28.3	20.0	0	14.1	★
43	北京现代汽车有限公司	合资	韩国	10.0	13.3	7.5	27.0	14.0	★
43	北京奔驰汽车有限公司	合资	德国	10.0	16.7	25.0	0	14.0	★
43	一汽丰田汽车销售有限公司	合资	日本	0	16.7	25.0	9.0	14.0	★

2016年排名	企业名称	企业性质	品牌所属地	责任管理	市场责任	社会责任	环境责任	综合得分	星级
				★（70家）					
46	重庆力帆汽车有限公司	民营	中国	0	31.7	7.5	9.0	13.6	★
47	长安标致雪铁龙汽车有限公司	合资	法国	10.0	6.7	15.0	23.0	13.3	★
48	东风汽车有限公司	国有	中国	10.0	20.0	15.0	0	12.2	★
48	重庆力帆乘用车有限公司	民营	中国	0	31.7	2.5	9.0	12.2	★
50	上汽大通汽车有限公司	国有	中国	10.0	10.0	17.5	9.0	11.9	★
51	陕西通家汽车股份有限公司	国有	中国	0	20.0	2.5	23.0	11.8	★
52	中国重型汽车集团有限公司	国有	中国	10.0	6.7	27.5	0	11.7	★
52	江西昌河铃木汽车有限责任公司	合资	日本	0	23.3	2.5	18.0	11.7	★
54	奇瑞捷豹路虎汽车有限公司	合资	英国	5.0	16.7	20.0	0	11.6	★
54	众泰集团有限公司	民营	中国	0	16.7	12.5	14.0	11.6	★
56	广汽本田汽车有限公司	合资	日本	10.0	10.0	15.0	9.0	11.2	★
57	东风悦达起亚汽车有限公司	合资	韩国	10.0	16.7	7.5	9.0	11.1	★
58	庆铃汽车股份有限公司	合资	日本	0	26.7	10.0	0	10.8	★
58	东南（福建）汽车工业有限公司	合资	日本	10.0	20.0	10.0	0	10.8	★
58	庆铃汽车（集团）有限公司	国有	日本	0	26.7	10.0	0	10.8	★
58	广汽吉奥汽车有限公司	国有	中国	10.0	20.0	10.0	0	10.8	★
58	广东福迪汽车有限公司	民营	中国	0	20.0	10.0	9.0	10.8	★
63	江苏九龙汽车制造有限公司	民营	中国	0	26.7	7.5	0	10.1	★
63	丹东黄海汽车有限责任公司	民营	中国	0	20.0	7.5	9.0	10.1	★
65	保时捷（中国）汽车销售有限公司	外资	德国	10.0	16.7	10.0	0	9.8	★
65	一汽吉林汽车有限公司	国有	中国	0	23.3	10.0	0	9.8	★
67	海马汽车集团股份有限公司	民营	中国	10.0	13.3	12.5	0	9.5	★
68	上汽通用汽车有限公司	合资	美国	15.0	13.3	7.5	0	9.1	★
68	安徽猎豹汽车有限公司	国有	中国	10.0	16.7	7.5	0	9.1	★
68	观致汽车有限公司	合资	中国	0	10.0	7.5	18.0	9.1	★
71	河北红星汽车制造有限公司	民营	中国	0	26.7	2.5	0	8.7	★
71	马自达（中国）管理有限公司	外资	日本	0	20.0	2.5	9.0	8.7	★
71	广汽菲亚特克莱斯勒汽车有限公司	合资	意大利	0	13.3	2.5	18.0	8.7	★
74	玛莎拉蒂（中国）汽车贸易有限公司	外资	意大利	0	16.7	12.5	0	8.5	★

2016 年排名	企业名称	企业性质	品牌所属地	责任管理	市场责任	社会责任	环境责任	综合得分	星级
				★（70 家）					
74	上汽通用五菱汽车股份有限公司	合资	美国	10.0	10.0	12.5	0	8.5	★
76	三菱汽车销售（中国）有限公司	外资	日本	10.0	0	15.0	9.0	8.2	★
76	庞大双龙汽车销售有限公司	民营	韩国	0	10.0	7.5	14.0	8.2	★
78	东风小康汽车有限公司	国有	中国	0	20.0	7.5	0	8.1	★
78	广汽三菱汽车有限公司	合资	日本	0	20.0	7.5	0	8.1	★
78	沈阳华晨金杯汽车有限公司	国有	中国	13.3	7.5	9.0		8.1	★
81	梅赛德斯—奔驰（中国）汽车销售有限公司	外资	德国	0	16.7	10.0	0	7.8	★
81	东风雷诺汽车有限公司	合资	法国	0	16.7	10.0	0	7.8	★
83	河北中兴汽车制造有限公司	民营	中国	0	16.7	2.5	9.0	7.7	★
83	江西五十铃汽车有限公司	合资	日本	0	10.0	2.5	18.0	7.7	★
85	斯巴鲁汽车（中国）有限公司	外资	日本	10.0	13.3	5.0	0	7.4	★
85	北汽银翔汽车有限公司	国有	中国	0	6.7	5.0	18.0	7.4	★
87	贵州航天成功汽车制造有限公司	国有	中国	0	20.0	2.5	0	6.7	★
88	山西成功汽车制造有限公司	民营	中国	10.0	5.0	10.0	0	6.3	★
89	江铃汽车集团公司	国有	中国	10.0	11.7	2.5	0	6.2	★
90	奇瑞汽车股份有限公司	民营	中国	0	13.3	0	9.0	6.0	★
91	江西昌河汽车有限责任公司	国有	中国	0	16.7	2.5	0	5.7	★
91	浙江飞碟汽车制造有限公司	民营	中国	0	10.0	2.5	9.0	5.7	★
93	北京汽车股份有限公司	国有	中国	0	0	12.5	9.0	5.5	★
94	重庆长安铃木汽车有限公司	合资	日本	0	10.0	7.5	0	5.1	★
95	铃木（中国）投资有限公司	外资	日本	25.0	0	0	0	5	★
96	福建新龙马汽车股份有限公司	国有	中国	0	0	17.5	0	4.9	★
97	北京汽车制造厂有限公司	国有	中国	0	6.7	10.0	0	4.8	★
98	克莱斯勒（中国）汽车销售有限公司	外资	美国	0	13.3	2.5	0	4.7	★
99	四川野马汽车股份有限公司	民营	中国	0	0	15.0	0	4.2	★
100	戴姆勒大中华区投资有限公司	外资	德国	0	0	0	0	0	★

附录二 国有汽车企业社会责任发展指数（2016）

单位：分

2016年排名	企业名称	品牌所属地	责任管理	市场责任	社会责任	环境责任	综合得分	星级
1	东风汽车公司	中国	85.0	78.3	92.5	87.0	85.5	★★★★★
2	中国第一汽车集团公司	中国	80.0	80.0	80.0	81.0	80.2	★★★★★
3	上海汽车集团股份有限公司	中国	77.5	80.0	77.5	78.0	78.4	★★★★
4	安徽江淮汽车集团有限公司	中国	62.5	90.0	87.5	64.0	78.1	★★★★
5	广州汽车集团股份有限公司	中国	70.0	88.3	67.5	14.0	62.5	★★★★
6	重庆长安汽车股份有限公司	中国	42.5	78.3	52.5	23.0	51.8	★★★
7	厦门金龙汽车集团股份有限公司	中国	10.0	45.0	57.5	50.0	42.6	★★★
8	北汽福田汽车股份有限公司	中国	37.5	28.3	42.5	50.0	38.9	★★
9	中国长安汽车集团股份有限公司	中国	10.0	38.3	45.0	41.0	35.1	★★
10	天津一汽夏利汽车股份有限公司	中国	10.0	46.7	22.5	9.0	24.3	★★
10	北京汽车集团有限公司	中国	15.0	40.0	15.0	23.0	24.3	★★
12	陕西汽车控股集团有限公司	中国	27.5	16.7	27.5	9.0	20.2	★★
13	广州汽车集团乘用车有限公司	中国	10.0	36.7	7.5	9.0	17.1	★
14	潍柴（重庆）汽车有限公司	中国	10.0	20.0	22.5	9.0	16.3	★
15	东风柳州汽车有限公司	中国	10.0	16.7	27.5	0	14.7	★
16	华晨汽车集团控股有限公司	中国	0	28.3	20.0	0	14.1	★
17	东风汽车有限公司	中国	10.0	20.0	15.0	0	12.2	★
18	上汽大通汽车有限公司	中国	10.0	10.0	17.5	9.0	11.9	★
19	陕西通家汽车股份有限公司	中国	0	20.0	2.5	23.0	11.8	★
20	中国重型汽车集团有限公司	中国	10.0	6.7	27.5	0	11.7	★
21	庆铃汽车（集团）有限公司	日本	0	26.7	10.0	0	10.8	★

2016年排名	企业名称	品牌所属地	责任管理	市场责任	社会责任	环境责任	综合得分	星级
22	广汽吉奥汽车有限公司	中国	10.0	20.0	10.0	0	10.8	★
23	一汽吉林汽车有限公司	中国	0	23.3	10.0	0	9.8	★
24	安徽猎豹汽车有限公司	中国	10.0	16.7	7.5	0	9.1	★
25	东风小康汽车有限公司	中国	0	20.0	7.5	0	8.1	★
25	沈阳华晨金杯汽车有限公司	中国	0	13.3	7.5	9.0	8.1	★
27	北汽银翔汽车有限公司	中国	0	6.7	5.0	18.0	7.4	★
28	贵州航天成功汽车制造有限公司	中国	0	20	2.5	0	6.7	★
29	江铃汽车集团公司	中国	10.0	11.7	2.5	0	6.2	★
30	江西昌河汽车有限责任公司	中国	0	16.7	2.5	0	5.7	★
31	北京汽车股份有限公司	中国	0	0	12.5	9.0	5.5	★
32	福建新龙马汽车股份有限公司	中国	0	0	17.5	0	4.9	★
33	北京汽车制造厂有限公司	中国	0	6.7	10.0	0	4.8	★

附录三 外资/合资汽车企业社会责任发展指数（2016）

单位：分

2016年排名	企业名称	品牌所属地	责任管理	市场责任	社会责任	环境责任	综合得分	星级
1	现代汽车（中国）投资有限公司	韩国	92.5	63.3	100	100	87.5	★★★★★
2	丰田汽车（中国）投资有限公司	日本	65.0	3	72.5	68.0	64.3	★★★★
3	日产（中国）投资有限公司	日本	52.5	66.7	70.0	55.0	62.2	★★★★
4	上汽大众汽车有限公司	德国	65.0	46.7	70.0	46.0	56.7	★★★
5	华晨宝马汽车有限公司	德国	62.5	33.3	67.5	45.0	51.3	★★★
6	东风本田汽车有限公司	日本	62.5	68.3	37.5	32.0	50.5	★★★
7	江铃汽车股份有限公司	中国	57.5	50.0	57.5	31.0	49.4	★★★
8	一汽—大众汽车有限公司	德国	42.5	41.7	62.5	36.0	46.4	★★★
9	本田中国投资有限公司	日本	75.0	20.0	45.0	46.0	43.7	★★★
10	广汽丰田汽车有限公司	日本	32.5	23.3	52.5	50.0	39.2	★★
11	东风裕隆汽车有限公司	中国	0	26.7	52.5	32.0	29.7	★★
12	福特汽车（中国）有限公司	美国	27.5	45.0	10.0	32.0	28.8	★★
13	神龙汽车有限公司	中国	25.0	23.3	17.5	36.0	24.8	★★
14	通用汽车（中国）	美国	10.0	18.3	15.0	23.0	16.7	★
15	长安马自达汽车有限公司	中国	0	31.7	15.0	9.0	15.6	★
16	大众汽车集团（中国）	日本	10.0	3.3	22.5	27.0	15.2	★
17	宝马（中国）	德国	10.0	10	7.5	36.0	15.0	★
18	郑州日产汽车有限公司	德国	10.0	23.3	12.5	9.0	14.5	★
19	沃尔沃（中国）投资有限公司	日本	25.0	16.7	15.0	0	14.2	★
20	北京现代汽车有限公司	瑞典	10.0	13.3	7.5	27.0	14.0	★
20	北京奔驰汽车有限公司	德国	10.0	16.7	25.0	0	14.0	★

2016年排名	企业名称	品牌所属地	责任管理	市场责任	社会责任	环境责任	综合得分	星级
20	一汽丰田汽车销售有限公司	日本	0	16.7	25.0	9.0	14.0	★
23	长安标致雪铁龙汽车有限公司	法国	10.0	6.7	15.0	23.0	13.3	★
24	江西昌河铃木汽车有限责任公司	日本	0	23.3	2.5	18.0	11.7	★
25	奇瑞捷豹路虎汽车有限公司	英国	5.0	16.7	20.0	0	11.6	★
26	广汽本田汽车有限公司	日本	10.0	10.0	15.0	9.0	11.2	★
27	东风悦达起亚汽车有限公司	韩国	10.0	16.7	7.5	9.0	11.1	★
28	庆铃汽车股份有限公司	日本	0	26.7	10.0	0	10.8	★
28	东南（福建）汽车工业有限公司	日本	10.0	20.0	10.0	0	10.8	★
30	保时捷（中国）汽车销售有限公司	日本	10.0	16.7	10.0	0	9.8	★
31	上汽通用汽车有限公司	德国	15.0	13.3	7.5	0	9.1	★
31	观致汽车有限公司	美国	0	10.0	7.5	18.0	9.1	★
33	马自达（中国）管理有限公司	中国	0	20.0	2.5	9.0	8.7	★
33	广汽菲亚特克莱斯勒汽车有限公司	日本	0	13.3	2.5	18.0	8.7	★
35	玛莎拉蒂（中国）汽车贸易有限公司	意大利	0	16.7	12.5	0	8.5	★
35	上汽通用五菱汽车股份有限公司	意大利	10.0	10.0	12.5	0	8.5	★
37	三菱汽车销售（中国）有限公司	美国	10.0	0	15.0	9.0	8.2	★
38	广汽三菱汽车有限公司	日本	0	20.0	7.5	0	8.1	★
39	梅赛德斯—奔驰（中国）汽车销售有限公司	日本	0	16.7	10.0	0	7.8	★
39	东风雷诺汽车有限公司	韩国	0	16.7	10.0	0	7.8	★
41	江西五十铃汽车有限公司	中国	0	10.0	2.5	18.0	7.7	★
42	斯巴鲁汽车（中国）有限公司	德国	10.0	13.3	5.0	0	7.4	★
43	重庆长安铃木汽车有限公司	法国	0	10.0	7.5	0	5.1	★
44	铃木（中国）投资有限公司	中国	25.0	0	0	0	5.0	★
45	克莱斯勒（中国）汽车销售有限公司	日本	0	13.3	2.5	0	4.7	★
46	戴姆勒大中华区投资有限公司	日本	0	0	0	0	0	★

附录四 民营汽车企业社会责任发展指数 （2016）

单位：分

2016 年排名	企业名称	品牌所属地	责任管理	市场责任	社会责任	环境责任	综合得分	星级
1	浙江吉利控股集团有限公司	中国	92.5	86.7	65.0	45.0	72.6	★★★★
2	比亚迪股份有限公司	中国	75.0	86.7	72.5	36.0	69.2	★★★★
3	郑州宇通集团有限公司	中国	37.5	76.7	55.0	9.0	47.9	★★★
4	长城汽车股份有限公司	中国	27.5	63.3	47.5	27.0	43.7	★★★
5	山东时风（集团）有限责任公司	中国	0	33.3	37.5	0	20.5	★★
6	华泰汽车集团	中国	10.0	16.7	30.0	14.0	18.5	★
7	青年汽车集团	英国	0	21.7	25.0	14.0	16.6	★
8	重庆力帆汽车有限公司	中国	0	31.7	7.5	9.0	13.6	★
9	重庆力帆乘用车有限公司	中国	0	31.7	2.5	9.0	12.2	★
10	众泰集团有限公司	中国	0	16.7	12.5	14.0	11.6	★
11	广东福迪汽车有限公司	英国	0	20.0	10.0	9.0	10.8	★
12	江苏九龙汽车制造有限公司	中国	0	26.7	7.5	0	10.1	★
12	丹东黄海汽车有限责任公司	中国	0	20.0	7.5	9.0	10.1	★
14	海马汽车集团股份有限公司	中国	10.0	13.3	12.5	0	9.5	★
15	河北红星汽车制造有限公司	韩国	0	26.7	2.5	0	8.7	★
16	庞大双龙汽车销售有限公司	中国	0	10.0	7.5	14.0	8.2	★
17	河北中兴汽车制造有限公司	中国	0	16.7	2.5	9.0	7.7	★
18	山西成功汽车制造有限公司	中国	10.0	5.0	10.0	0	6.3	★
19	奇瑞汽车股份有限公司	中国	0	13.3	0	9.0	6.0	★
20	浙江飞碟汽车制造有限公司	中国	0	10.0	2.5	9.0	5.7	★
21	四川野马汽车股份有限公司	中国	0	0	15	0	4.2	★

附录五 国别汽车企业社会责任发展指数（2016）

单位：分

2016 年排名	品牌所属地	责任管理	市场责任	社会责任	环境责任	综合得分	星级
1	韩国	28.1	25.8	30.6	37.5	30.2	★★
2	德国	23.3	20.6	30.6	21.1	24.0	★★
3	中国	16.6	31.2	25.7	16.5	23.5	★★
4	日本	18.1	24.2	20.9	17.1	20.5	★★
5	美国	20.0	25.0	17.5	14.3	19.6	★
6	法国	11.7	15.6	14.2	19.7	15.3	★
7	瑞典	25.0	16.7	15.0	0	14.2	★
8	英国	2.5	19.2	22.5	7.0	14.1	★
9	意大利	0	15.0	7.5	9.0	8.6	★

相关研究业绩

课题：

1. 国家发改委：《"一带一路"与海外企业社会责任》，2015～2016。

2. 工业和信息化部：《责任制造——以社会责任推动"中国制造2025"》，2015。

3. 国务院国资委：《中央企业海外社会责任研究》，2014。

4. 国务院国资委：《中央企业社会责任优秀案例研究》，2014。

5. 国家食品药品监督局：《中国食品药品行业社会责任信息披露机制研究》，2014。

6. 国土资源部：《矿山企业社会责任评价指标体系研究》，2014。

7. 中国保监会：《中国保险业社会责任白皮书》，2014。

8. 全国工商联：《中国民营企业社会责任研究报告》，2014。

9. 陕西省政府：《陕西省企业社会责任研究报告》，2014。

10. 国土资源部：《矿业企业社会责任报告制度研究》，2013。

11. 国务院国资委：《中央企业社会责任优秀案例研究》，2013。

12. 中国扶贫基金会：《中资海外企业社会责任研究》，2012～2013。

13. 北京市国资委：《北京市属国有企业社会责任研究》，2012年5～12月。

14. 国资委研究局：《企业社会责任推进机制研究》，2010年1～12月。

15. 国家科技支撑计划课题：《社会责任国际标准风险控制及企业社会责任评价技术研究之子任务》，2010年1～12月。

16. 深交所：《上市公司社会责任信息披露》，2009年3～12月。

17. 中国工业经济联合会：工信部制定《推进企业社会责任建设指导意见》前期研究成果，2009年10～12月。

18. 中国社会科学院：《灾后重建与企业社会责任》，2008年8月至2009年8月。

19. 中国社会科学院：《海外中资企业社会责任研究》，2007年6月至2008

年 6 月。

20. 国务院国资委：《中央企业社会责任理论研究》，2007 年 4 ~ 8 月。

专著：

1. 《企业社会责任负面信息披露研究》，经济管理出版社 2015 年版。

2. 《企业公益蓝皮书（2014）》，经济管理出版社 2015 年版。

3. 《中国企业社会责任报告编写指南 3.0 之石油化工业指南》，经济管理出版社 2015 年版。

4. 《中国企业社会责任报告编写指南（CASS - CSR3.0)》，经济管理出版社 2014 年版。

5. 《中国企业社会责任报告编写指南 3.0 之钢铁业指南》，经济管理出版社 2014 年版。

6. 《中国企业社会责任报告编写指南 3.0 之仓储业指南》，经济管理出版社 2014 年版。

7. 《中国企业社会责任报告编写指南 3.0 之电力生产业》，经济管理出版社 2014 年版。

8. 《中国企业社会责任报告编写指南之家电制造业》，经济管理出版社 2014 年版。

9. 《中国企业社会责任报告编写指南之建筑业》，经济管理出版社 2014 年版。

10. 《中国企业社会责任报告编写指南之电信服务业》，经济管理出版社 2014 年版。

11. 《中国企业社会责任报告编写指南之汽车制造业》，经济管理出版社 2014 年版。

12. 《中国企业社会责任报告编写指南之煤炭采选业》，经济管理出版社 2014 年版。

13. 《中国企业社会责任报告编写指南之一般采矿业》，经济管理出版社 2014 年版。

14. 《中国企业社会责任案例》，经济管理出版社 2014 年版。

15. 《中国国际社会责任与中资企业角色》，社会科学出版社 2013 年版。

16. 《企业社会责任基础教材》，经济管理出版社 2013 年版。

17. 《中国可持续消费研究报告》，经济管理出版社 2013 年版。

18. 《企业社会责任蓝皮书（2012）》，社会科学文献出版社 2012 年版。

19. 《中国企业社会责任报告白皮书（2012）》，经济管理出版社 2012 年版。

20. 《企业社会责任蓝皮书（2011）》，社会科学文献出版社 2011 年版。

21. 《中国企业社会责任报告编写指南（CASS – CSR2.0）》，经济管理出版社 2011 年版。

22. 《中国企业社会责任报告白皮书（2011）》，经济管理出版社 2011 年版。

23. 《企业社会责任管理体系研究》，经济管理出版社 2011 年版。

24. 《分享责任——中国社会科学院研究生院 MBA "企业社会责任" 必修课讲义集（2010）》，经济管理出版社 2011 年版。

25. 《企业社会责任蓝皮书（2010）》，社会科学文献出版社 2010 年版。

26. 《政府与企业社会责任》，经济管理出版社 2010 年版。

27. 《企业社会责任蓝皮书（2009）》，社会科学文献出版社 2009 年版。

28. 《中国企业社会责任报告编写指南（CASS – CSR1.0）》，经济管理出版社 2009 年版。

29. 《中国企业社会责任发展指数报告（2009）》，经济管理出版社 2009 年版。

30. 《慈善捐赠与企业绩效》，经济管理出版社 2007 年版。

论文：

在《经济研究》、《中国工业经济》、《人民日报》、《光明日报》等刊物上发表论文数十篇。

专访：

接受中央电视台、中央人民广播电台、人民网、新华网、光明网、凤凰卫视、法国 24 电视台等数十家媒体专访。

后　记

从 2009 年伊始，课题组持续关注中国企业社会责任的年度进展，连续出版《中国企业社会责任蓝皮书（2009～2016）》。社会责任实践的发展给了我们更大的思考和研究视域。此后，课题组陆续出版了《中国上市公司社会责任蓝皮书》、《上海市上市公司社会责任蓝皮书》、《中国企业公益蓝皮书》，以及今年将要出版的《企业精准扶贫蓝皮书》和《中资企业海外社会责任蓝皮书》等系列成果。这些成果的问世，也使得课题组对我国企业社会责任研究视角更多元、观察对象更丰富、结论特征更深刻、社会影响力更广泛，希冀能够在我国企业社会责任运动蓬勃发展过程中留下一笔，也是对课题组每位成员的一种鞭策、鼓舞和慰藉。

近年来，课题组加大了对部分重点行业社会责任的关注，这些行业的发展与社会、经济、环境等有着重要的联系，其社会责任实践也受到广大利益相关方的关注。《汽车企业社会责任蓝皮书（2016）》是课题组 2016 年的最新研究成果，也是课题组成员集体劳动的成果。项目历时 6 个月，先后有 10 余人投入其中。内容结构和技术路线由钟宏武、汪杰、王宁研究确定。数据采集和分析工作由中星责任云社会责任机构联合完成，涉及国内主流 100 家整车生产以及销售企业社会责任公开信息的收集、阅读和整理，汪杰、王宁组织协调完成；王宁、赵思琪、王志敏、贾晶、冯丽、高小璇等负责信息采集工作；王宁、赵思琪、王志敏、袁雨晴等共同完成指标赋权、信息录入和数据整理。

《汽车企业社会责任蓝皮书（2016）》的写作框架由钟宏武、汪杰、王宁共同确定。《汽车企业社会责任发展报告（2016）》指数部分，其中样本特征由王宁撰写；中国汽车企业社会责任发展指数（2016）排名由王宁、赵思琪、袁雨晴共同撰写完成；中国汽车企业社会责任发展年度特征（2016）由王宁撰写；研究方法和技术路线由王志敏、王宁撰写。案例篇即社会责任管理、产品责任、客户责任、环境责任、供应链责任、公益责任六章内容由赵思琪、王宁整理。附录由赵思琪、袁雨晴整理。

全书最终由钟宏武、汪杰、王宁审阅、修改和定稿。

本书的出版也得到了经济管理出版社陈力主编的大力支持和关注，应该说没有出版社各位领导和同事的努力工作，本书很难如期与读者见面，在此表示由衷的感谢。

中国企业社会责任的研究起步较晚，汽车企业社会责任研究工作也还有很多问题有待探索和解决。希望各行各业的专家学者、读者朋友不吝赐教，共同推动中国企业社会责任更好更快的发展。

感谢所有为本书的顺利出版而付出努力的人们！

项目组

2016 年 10 月

关注中星责任云微信公众平台　了解中国企业社会责任最新进展

中星责任云